好妈妈这样戒掉孩子的拖延症

王敏 ◎ 编著

中国纺织出版社有限公司

内 容 提 要

拖延是一种不良的行为习惯，会影响孩子的一生。作为妈妈，我们只有带领孩子认识到拖延症的危害，并让孩子改正这种不良习惯，才能使其步入正常的生活轨道，进而培养出更自觉主动、不拖延的孩子。

本书从孩子生活和学习中的方方面面入手，挖掘孩子拖延行为产生的深层次原因，并帮助妈妈通过强化孩子的内部动机，引导孩子逐步戒掉拖延症，进而培养自觉主动的好习惯。如果你的孩子也做事情拖延，那么相信本书能起到一定的指导作用。

图书在版编目（CIP）数据

好妈妈这样戒掉孩子的拖延症 / 王敏编著. -- 北京：中国纺织出版社有限公司，2024.4
ISBN 978-7-5229-1068-0

Ⅰ. ①好… Ⅱ. ①王… Ⅲ. ①成功心理—少儿读物 Ⅳ. ①B848.4-49

中国国家版本馆CIP数据核字（2024）第042876号

责任编辑：邢雅鑫　　责任校对：高　涵　　责任印制：储志伟

中国纺织出版社有限公司出版发行
地址：北京市朝阳区百子湾东里A407号楼　邮政编码：100124
销售电话：010—67004422　传真：010—87155801
http://www.c-textilep.com
中国纺织出版社天猫旗舰店
官方微博 http://weibo.com/2119887771
鸿博睿特（天津）印刷科技有限公司印刷　各地新华书店经销
2024年4月第1版第1次印刷
开本：710×1000　1/16　印张：10
字数：126千字　定价：49.80元

凡购本书，如有缺页、倒页、脱页，由本社图书营销中心调换

前 言

"可怜天下父母心",普天下的妈妈都希望自己的孩子能让自己"省心",希望孩子能积极主动地学习,能听话、懂事、行动力强,能在没有人督促的情况下,做着恰当的事情,做一个自动自发力强的好孩子。

遍翻中外名人传记,我们发现,那些成功者大多儿时就有较强的行动能力,这也是自制力的一种,是成功人士必备的素质和能力。凡事积极主动的人才能抓住成功的机遇,并能得到他人的认可与尊重,他们身上有很多令人赞叹的优点,正是这些优点,让他们成功。因此,培养孩子的自动自发力成为每位妈妈的必学功课。

总的来说,自动自发力强的孩子,同时有很多其他的优点。他们具有高度的自觉意识,有主见、有创意、懂回报、有爱心、会学习、会思考、会交往,既乐观自信,又坚强不屈。而这种自动自发能力的培养,需要妈妈的引导和鼓励。

然而,与自动自发力相反的是,我们在很多孩子身上看到拖延的不良习惯。尤其随着人们物质生活水平的提高,不少家庭"培养"出了"公子哥""小公主",他们最大的特点就是行为拖延。为此,不少妈妈有这样的苦恼,说:"现在的孩子知识面广,脑子灵,就是有点儿懒,干什么都磨磨蹭蹭的。"的确,这些孩子干什么都"慢半拍",起床磨蹭、写作业磨蹭、出门磨蹭、参加活动磨蹭。但更让妈妈们头疼的是,孩子磨蹭还不能催,一催他们更不听话,甚至更慢了,所以,不少妈妈抱怨孩子越来越难以管教,费了九牛二虎之力,孩子依然动作慢、学习拖延、成绩不尽如

人意等。妈妈们一方面责怪孩子天生就懒，不争气；另一方面又埋怨自己教子无方，心有余而力不足。

那么，妈妈应该怎样帮助孩子戒掉拖延症进而获得较强的自动自发力呢？

这就是本书编写的目的，从孩子的生活习惯、时间管理、自信培养、兴趣激发及学习能力提升等方面，告诉妈妈如何鼓励和引导孩子戒掉拖延症，提升孩子的自动自发力，帮助孩子养成良好的习惯，进而让孩子积极、快乐地成长。

编著者

2023年10月

目录

☑ 第 1 章
挖掘原因，你的孩子为什么总是磨磨蹭蹭

强迫症的孩子，更容易行为拖沓 ‖ 003

妈妈做事磨蹭，孩子必是"小拖拉" ‖ 006

孩子对妈妈过于依赖造成行为拖延 ‖ 009

孩子苛求完美，总是迟迟不行动 ‖ 012

有些孩子天生"慢半拍"，给孩子点时间 ‖ 015

孩子总是用拖延来吸引妈妈的注意 ‖ 018

☑ 第 2 章
读懂孩子，科学引导孩子不再拖延

你了解孩子的想法和意愿吗 ‖ 023

妈妈越催促，孩子越是用拖延来反抗 ‖ 025

妈妈事事代劳，让孩子无事可做 ‖ 028

让孩子利用最佳时间段学习，提高学习效率 ‖ 031

☑ 第 3 章
激发信心，孩子不再用拖延来逃避行动

喜欢逃避的孩子，在行动上总是不断拖延 ‖ 035

"低自尊"的孩子总是行为拖延 ‖ 037

自我效能感越低，越喜欢拖延 ‖ 040

看到孩子的优点，激发孩子的信心 ‖ 042

让孩子主动做一些家务，获得成就感 ‖ 044

第 4 章
培养时间观念，是根治孩子拖延症的前提

尽早培养孩子的时间观念 ‖ 049

让孩子明白拖延只会浪费生命 ‖ 052

引导孩子将一周的时间规划好 ‖ 055

妈妈要告诉孩子时间的价值 ‖ 057

第 5 章
引导孩子设定目标与计划，孩子有目标才有动力去执行

目标感强的孩子绝不拖延 ‖ 063

引导孩子设定目标 ‖ 067

让孩子明白好的计划必须合理把握时间 ‖ 071

帮助孩子制订长期和短期学习计划 ‖ 074

培养孩子做事有规划的习惯 ‖ 077

第 6 章
提高时间利用率，高效的孩子做事不拖延

妈妈要告诉孩子永远走在时间的前面 ‖ 083

引导孩子掌握一些管理时间的技巧 ‖ 086

孩子有不守时的坏习惯，妈妈必须及时纠正 ‖ 089

化整为零，引导孩子抓住零散时间学习 ‖ 092

第 7 章
激发兴趣，孩子有执行意愿才能抵抗拖延

瓦拉赫效应，挖掘出孩子的特殊潜能 ‖ 097

妈妈绝不能否定孩子的梦想 ‖ 099

妈妈要找到孩子的兴趣点 ‖ 102

妈妈要从小保护孩子的好奇心 ‖ 105

第 8 章
培养专注力，注意力集中的孩子学习效率高

注意力不集中的孩子，容易行为拖延 ‖ 111

孩子耐力的培养不是一蹴而就的 ‖ 113

鼓励孩子学习时独立思考 ‖ 116

妈妈要让孩子远离电子产品 ‖ 119

第 9 章
纠正不良习惯，习惯好的孩子不做"小懒虫"

妈妈可以和孩子一起整理书包 ‖ 125

告诉孩子不懂的问题可以向老师请教 ‖ 127

如何根治家里的"小懒虫" ‖ 129

培养良好做事习惯，让孩子不再拖延 ‖ 131

第 10 章
采用正面教育，提升孩子的自动自发力

鼓励孩子立即去做 ‖ 137

孩子有拖延习惯，妈妈要正确看待 ‖ 140

激发孩子的成就动机是克服拖延症的关键 ‖ 143

告诉孩子勤勉的必要性 ‖ 146

帮助孩子设定做事和学习的最后期限 ‖ 149

参考文献 ‖ 151

第 1 章
挖掘原因,你的孩子为什么总是磨磨蹭蹭

孩子身上总是出现拖延症现象,吃饭慢、走路慢、写作业也总是拖到最后一刻,做什么事情都是慢悠悠的,一点儿也不着急。其实,孩子的拖延有很多原因,有内在的因素,也有外在的因素,要想孩子改掉拖延症,就需要了解孩子为什么成了"小拖拉"。

强迫症的孩子，更容易行为拖沓

强迫症的孩子容易拖延，因为他们总担心事情没做好。近些年来，有许多妈妈向心理学家咨询，如何纠正孩子的一些异常行为，如上课时经常关注黑板以外的事物，无法集中精神听课。有的妈妈反映孩子上学前会一遍一遍地检查书包长达半小时之久。不过许多妈妈并不知道其实她们的孩子已经有了强迫症的倾向。

强迫症以强迫思维和强迫行为为典型特征，会让人沮丧且浪费时间，影响人的日常工作、生活和人际关系。孩子年龄越小，强迫症的症状表现就越明显，对孩子的影响就越大。通常情况下，强迫症有这样一些特点：明知不必要，却又无法摆脱反复呈现的观念、情绪或行为，越是努力抵制，越是感到紧张和痛苦。

有些孩子在发育早期，可能有轻度的强迫性行为，如有的孩子走路时喜欢用手抚摸路边的电线杆，有的孩子走路时喜欢用脚踢小石头，有的孩子喜欢反复计算窗栏的数目，等等。不过，这些行为不伴有任何情绪困扰，且会随着年龄的增长而消失。

稍微严重的强迫症表现为，反复数天花板上吊灯的数目，反复数图书上人物的数量，强迫计算自己走了多少步等。有的孩子表现为强迫自己洗手，强迫自己反复检查门窗是否关好，反复检查作业是否做对，甚至睡觉前不断检查衣服鞋袜是否放得整齐。有的孩子则表现为仪式性动作，如要求自己上楼梯必须一步跨两级。如果不让他们重复这些动作，他们就会生气。不过，他们重复这些动作时，并不会出现成年患者那样的焦虑情绪，通常情况下，孩子对自己的强迫行为并不感到苦恼，只不过是呆板地重复这些行为而已。

妈妈应及早发现孩子的这些异常行为，平时多注意观察孩子的行为举止，以防孩子出现情绪问题。

小贴士

那么，当孩子出现强迫症的症状时，妈妈应该怎么做呢？

1. 行为治疗

当孩子的强迫症发作的时候，妈妈可以监督他有意识地纠正自己，克制自己的强迫行为，通过外力的作用阻止强迫行为的产生。心理学家认为参与示范比被动示范的治疗效果更好一些。因为在这个过程中，妈妈不仅是监督者，更是整个事情的参与者。

2. 顺其自然

"森田疗法"是治疗强迫症比较有效的方法，即所谓"顺其自然，为所当为，不治而治，事实为真"。孩子产生强迫症的根源就是"怕"，正因为存在各种恐惧，他们才会不断重复地去做某事，怕的时候"顺其自然，为所当为"，即不要刻意强化强迫观念，转移注意力，做应该做的事情。妈妈在这个过程中要做的就是不要刻意让孩子寻求改变，而是顺应其性情，等他确认自己所担心的事情根本不会发生的时候，强迫症的症状自然会减轻，甚至消失。

3. 给予孩子理解与关怀

当妈妈发现孩子有强迫行为的时候，不要指责孩子，更不能说孩子胡思乱想。有的孩子在抄写课文的时候，抄着抄着就突然开始使劲地描一个字，即便把纸划破了，还要使劲描。这时，正确的方法应是分散孩子的注意力，如问他今天星期几，这样孩子的注意力就被转移了。不过有的妈妈不懂这些，一看见孩子发呆，就会指责孩子："你又在胡思乱想什么？"这样会导致孩子的心理负担越来越重。假如妈妈可以多理解、多关心孩子，那孩子的强迫行为就会慢慢减轻，直至消失。

4. 认知治疗

妈妈需要帮助孩子认识到头脑中那些强迫观念的不合理性，不过那些强迫观念已经深入孩子潜意识里，因而想要短时间内改变是不容易的。妈妈和孩子可以结成联盟，让孩子在妈妈的监督和引导下，从改变一点一滴的小习惯开始，结合行为疗法，让孩子改变旧习惯，建立新习惯。

妈妈做事磨蹭，孩子必是"小拖拉"

许多妈妈抱怨孩子做事老是拖拖拉拉，总喜欢磨蹭，她们担心孩子长大后还是这样。其实，妈妈的担心是有道理的，孩子如果在小时候没有养成良好的习惯，长大后就会习惯成自然，这不利于孩子的健康成长。但是，许多妈妈在担忧孩子的同时，却没有反思自己的行为，自己是否也是一个磨蹭的家长呢？

孩子跟在妈妈身后，不停地催促："快点嘛，快点嘛，怎么这么磨蹭，一会儿真迟到了。""乖，别催妈妈，你越催，妈妈的心就越慌，什么事情都做不好。"妈妈一边洗脸，一边对孩子说。"你每天不是也这么催我吗？我觉得你做事比我还磨蹭。"孩子不再理会妈妈，一个人坐在客厅里等。听了孩子的话，妈妈觉得有点羞愧，自己平时总是说话比做事快，给孩子树立了一个拖拉妈妈的形象，也难怪孩子从小做事就拖拖拉拉的，现在找到问题所在了。妈妈加快了速度，不到几分钟就整理好出门了。妈妈和孩子及时赶到现场，买了门票，两人匆匆进了科技博览会现场。

观看完科技博览会，孩子的兴奋劲好像还没有消退。妈妈有点不好意思地对孩子说："宝贝，对不起，妈妈今天早上有点拖拉，幸亏你及时提醒了妈妈，否则我们就要错过这么精彩的科技博览会了。""没事，妈妈，不过你也要改掉磨蹭这个毛病，咱们互相监督，绝不做'磨蹭大王'。"孩子向妈妈提议，妈妈笑着点点头。

一些孩子做事拖拉，根本原因在于良好教育方式的缺失。不少妈妈自身做事就不遵守时间，喜欢拖拖拉拉，甚至还为自己耽误事情而找借口，这样一些不良的行为无形中影响到孩子，让孩子也沾染上磨蹭的毛病。

因此，要想帮助孩子改掉做事拖拉的坏习惯，妈妈首先应从自己身上找原因。在日常生活中，妈妈要以身作则，表现出自己的行动力，不做拖拉的家长，只有这样才能给孩子树立良好的榜样。

同时，更为重要的是，当妈妈因为做事拖拉而耽误了时间和事情，不要给自己找借口，而应当着孩子的面反省自己，将遵守时间、办事高效的理念渗透到孩子的思想中。

小贴士

想要孩子改掉做事磨蹭的坏习惯，妈妈可以这样做。

1. 与孩子互相监督，妈妈也要改掉做事磨蹭的坏习惯

有的孩子做事拖拉，喜欢磨蹭，其实是受妈妈的影响。如果妈妈也有做事磨蹭的习惯，为了孩子的健康成长，很有必要改掉这个习惯，这不仅对孩子有益处，对妈妈自己未来的人生发展也有很大的帮助。这时候，妈妈与孩子不妨互相监督，一起改掉做事磨蹭的坏习惯。"身教胜于言教"，若妈妈做事磨蹭，还教育孩子做事不拖拖拉拉，那样的教育是不会有任何效果的，妈妈只有以身作则，才能督促孩子改掉做事拖拉的坏习惯。

2. 妈妈要遵守时间

在日常生活中，妈妈要遵守时间，做任何事情都要有时间观念，用自己良好的行为感染孩子，让孩子明白时间的重要性。有的妈妈自己不遵守时间规则，如果今天的事情没有做完，就拖到明天去做；答应孩子什么时间去做什么，到了时间却磨磨蹭蹭，半天出不了门。这样势必让孩子对你形成一个磨蹭家长的印象，孩子也会耳濡目染，逐渐养成不遵守时间的习惯。因此，要想孩子做事不拖拉，有时间观念，妈妈首先要遵守时间，为孩子树立好榜样。

3. 妈妈要拿出自己的行动力

孩子在成长过程中，一般都喜欢把家长作为自己的模仿对象，因此妈妈要充分利用这一点，在现实生活中做好表率，为孩子树立良好的榜样。在平时的家庭教育中，妈妈一定要拿出自己的行动力，有时间观念、办事高效率，经常以自己的亲身体验教育孩子，改掉孩子拖拉的毛病。例如，一天下来，妈妈可以告诉孩子自己今天干了什么，明天还有哪些工作，把"今日事今日毕"的理念传递给孩子。

4. 不要为自己找借口

有时候，妈妈当着孩子面说出自己将要去做的事情，但因为拖拉而没有完成，这时候，妈妈不要在孩子面前为自己找借口，而应该真诚地向孩子表露歉意，告诉孩子自己这样的做法是不对的。这样孩子就会受妈妈行为的影响，即使自己做事拖拉，也会勇于承认自己的不足，而不是寻找借口。

孩子对妈妈过于依赖造成行为拖延

现代社会，大部分孩子从出生就生活在温室里，是备受呵护的花朵，经不起一点儿折腾。这样的孩子从小就备受父母的宠爱，所以他们的自主意识很差，自我管理能力差，做什么事情都需要妈妈帮忙。当然，更重要的是他们无法自己做决定，常常会问妈妈："妈妈，你觉得这件衣服好看吗？""我买喜羊羊样式的书包，还是美羊羊样式的书包？""妈妈，你觉得学校的篮球比赛，我参加不参加呢？"如果孩子不能自主地做决定，那么他就会习惯性拖延，因为他的大部分时间都在做选择题。

只有孩子具备了独立性，他们才能自己做决定，才能快速适应独立的生活。独立的性格可以帮助孩子快速做决定，减少犹豫的时间，而这恰好是学会自主生活的关键。如果孩子在生活中过于依赖妈妈，无法承担责任，不会独立思考，这就会在很大程度上影响孩子各方面的发展。

孩子无法自己做决定，很大部分原因是妈妈的大包大揽。孩子想要什么就给什么，孩子生气了就哄，一哭就抱，让孩子养成凡事依赖妈妈的坏习惯，包括做决定这件事。其实，妈妈不能每件事都满足孩子的愿望，这样只会让孩子养成依赖、不自立、不能独立做事的坏习惯。他们长大之后会害怕遭遇挫折、抗压能力差，不喜欢尝试新鲜事物，面对突发情况也不知道如何面对。要想培养孩子独立的性格，妈妈不妨放手让孩子去做，让他学会选择、承担责任、做好自我管理，不盲目听从别人的意见。

当孩子做某些决定的时候,如跟谁交朋友,妈妈不要过度保护他,也不要过度干涉孩子的选择,就让孩子自己好好做决定,否则一旦遇到选择,孩子就习惯性地寻求妈妈的帮助,于是孩子就在这样的保护下失去了自我判断能力、自我抉择能力、自我思考能力,他可能会在做选择这件事上花费过多时间。妈妈应该明白,最听话的孩子,并不是最好的孩子,妈妈不应随意插手孩子的事情,要把判断和选择的权利交还给孩子。

小贴士

要想孩子自立,妈妈要注意以下问题。

1. 鼓励孩子有自己的想法

生活中,许多孩子看上去很不听话、不讲理,他们往往有自己的想法,却被妈妈训斥:"你这简直是瞎搞!"这样容易让孩子失去独立思考的能力。妈妈应该尊重孩子的想法,鼓励孩子说出自己的心里话,只要他们的想法是合适的,就按照孩子的想法来,这样才能培养孩子的独立性。当孩子拒绝听从安排时,妈妈可以想:这样的安排真的是孩子喜欢的吗?如果孩子每件事都听我们的,完全没有自己的想法,那就等同于盲从。

2. 给孩子适当的自由

许多妈妈总给孩子定很多规矩,"你不能吃零食""你不能这样做",孩子听多了就会觉得烦躁。孩子独立的开始是想获得更多自由,如果家里的规矩太多,就会束缚他的个性。例如,孩子喜欢玩耍,妈妈只需要说"你做好了作业就可以自由安排时间了",那孩子就会很听话。当孩子和同学出去玩时,只需要叮嘱"注意安全,照顾好自己",这样孩子就可以做好一切事情,不用妈妈操心。不过分严格管制,孩子反而更懂事,也可以自己做决定。他们不管是在生活中还是学习中都能够有秩序。妈妈希望孩子自立,就需要多给予他们一些空间,少一些规矩,让孩子更好地成为自己。自由的氛围有利于孩子增强自主性，让孩子更有效地做决定。

3. 让孩子远离惩罚

孩子做错了事情，有些妈妈会采取一定的惩罚措施，其实这对孩子的身心是一种打击。一旦孩子对惩罚产生了畏惧心理，那就没有了个性和自主性。对于孩子的坏习惯，放任不管不行，太过严格也不行，妈妈要给孩子提供一个远离惩罚的环境。

4. 让孩子学会为自己负责

日常生活中，妈妈可以让孩子学会做自己的事情，自己解决问题，管理好自己的生活和学习。独立的性格能够让孩子更积极地管理自己，他们不需要被动地听话，等着妈妈帮自己做决定。一般而言，那些缺乏独立性的孩子，不能够自主地生活，长大后容易被社会淘汰。只有孩子独立了，才能更自主地决定自己的生活方式。

5. 不对孩子大包大揽

对于孩子自己的事情，妈妈要鼓励他们自己完成，别总是大包大揽。虽然孩子的选择有不尽完美的地方，但要清楚，哪怕再不成熟的决定，也是孩子自己做出的。他们更需要这种自我选择、决断的机会，让孩子在失败中走向成熟，也可以有效提升他的独立性。

孩子苛求完美，总是迟迟不行动

生活中，有的孩子比较追求完美，他们在做任何事情时都表现得异常认真与紧张，做每一件事都十分努力，反复地动脑筋思考，然后做出最精准的决定，最后才去行动。在生活中，追求完美的孩子非常努力地发展自己的兴趣爱好，希望成为父母眼中的乖孩子，并且朝着这个方向不断努力。

追求完美的孩子对自己要求很高，他们往往拥有自己的判断力，像父母一样去认真思考，给自己定很多规矩，努力规范行为。一旦行为表现不能让自己满意，他们就会感到烦躁、难受。

女儿4岁了，她非常聪明、懂事，心理较成熟，非常苛求完美，很喜欢跟自己较劲。

昨晚的台风让阳台一片狼藉，由于我还有更重要的事情要做，因而打算先放一放。不过女儿并没有放弃对我的提醒："妈妈，阳台好脏，你不打扫吗？"我答应女儿午睡后做这件事。午睡之后，我刚坐到沙发上想缓缓神，女儿马上跟了过来，她还没完全从睡意中苏醒过来，就指着阳台对我说："妈妈，你不打扫阳台吗？"我只能打扫起来，她就跟着我拿着簸箕，在旁边帮忙。我才打扫了两下，女儿又说话了："妈妈，我来教你怎么打扫。"我有些不悦："像扫地这种事情，可不可以不用教我啊？"

晚上，她在家里玩积木，由于她总是把小积木放在底部，因而搭好的高楼总是会倒。倒了好几次以后，她接受不了，开始大哭，一边哭一边问我："妈妈，为什么它总是倒？"假如我在这时劝导或给予帮助，她就会哭得更伤心。

其实，别看追求完美型孩子的要求比较高，与其他类型的孩子相比，他们是富有创造力的。父母一般会为这样的孩子太聪明而感到忧虑，因为他们对生活中的每一件事都思考很深，理解得比较深刻，对事情也很固执。另外，这样的孩子又十分依赖父母，他们强烈需要父母在身边，这是他们内心极其脆弱又缺乏安全感导致的。如果发生了什么事情，他们的情绪会非常激动，一旦妈妈给予安慰，他们又很快恢复正常。

追求完美的孩子十分聪明，生活中不管是做事还是学习，他们对自己的要求都非常高，哪怕妈妈完全不监督、催促，他们也能很好地完成事情。他们对任何事情都是追求完美的，总是会把小房间收拾得干干净净，东西也放得整整齐齐，写作业非常认真。正因为过于追求完美，所以他们花了很多时间做事，导致出现拖延。

追求完美的孩子也有一些缺点。例如，他们面临挫折和困难时，会下意识地对要做的事情产生一种否定的态度和抵抗情绪，不愿意与人接触。即使他们想要得到来自妈妈的夸奖，也总是把这些想法埋在心里，不会说出真心话。在他们看来，哪怕自己不说，妈妈也可以感觉到自己的内心。

小贴士

对于追求完美型孩子，妈妈要做好以下几点。

1. 多与孩子交流

追求完美型孩子总是处于紧张或谨慎状态，总担心事情没做好，所以妈妈在家里不要用太多的规矩束缚他们，可以和孩子随意轻松地交谈一会儿，制造一家人的开心时刻。在一家人围着桌子吃饭时，妈妈可以说一些轻松的话题，让孩子慢慢打开话匣子。

2. 营造轻松的家庭氛围

追求完美型孩子似乎没有幽默细胞,也不会开玩笑。妈妈可以告诉孩子幽默和玩笑是心灵的催化剂。妈妈平时多和孩子聊一些工作的趣事,或者自己儿时的故事,营造出一种轻松的家庭氛围,甚至可以引导孩子看《傻瓜伊万》等童话书,让孩子多读一些幽默小品文,使其身心彻底得到放松。

3. 给孩子创造私人空间

追求完美型孩子可以将所有的东西都整理得有条不紊,即便房间乱糟糟的,他们也可以清楚地记得什么东西放在哪里,不喜欢别人进自己的房间。他们不希望自己房间里的东西被别人整理,哪怕房间很乱,他们也只想自己收拾。对此,妈妈要尊重孩子这样的性格,允许家里有一个房间让他们随便摆放物品,即便杂乱一点也没关系。

4. 给孩子选择的机会

追求完美型孩子有着较强的责任心,他们买东西经常会放弃自己的喜好而按照父母的意愿进行挑选。如果有妹妹或弟弟,他们则表现得更为谦让。因此,在平时的生活中,如果不是太贵重的东西,妈妈可以给孩子一些选择自己喜欢的东西的机会,缓解孩子的紧张心理,让孩子得到片刻的满足。

有些孩子天生"慢半拍",给孩子点时间

有的孩子天生"慢半拍",做什么事情都磨磨蹭蹭,上学迟到、做事拖延源于他们的性格因素,尽管孩子努力去克服,但还是收效甚微。天生慢性子的孩子很容易忙着忙着就记不清自己在做什么,等他反应过来时已经迟了。

有的孩子对时间感知比较差,换句话说,他们做事缺乏时间观念。如果让孩子在规定时间内完成一件事,对于行动力良好的孩子,由于任务安排得比较充实,所以他们能够全神贯注,甚至在做事时忘记看时间;而对于时间感知比较差的孩子,他们做事缺乏计划,常常是手忙脚乱,时间到了,事情还剩一大半没做。时间观念强的孩子,具备更好地安排计划的能力,对时间的把控也恰到好处;而那些喜欢拖延的孩子,有时会有一种"破罐子破摔"的心理,将迟到作为自我惩罚,所以会陷入重复的拖延行为之中。

有的孩子过于乐观,这也是他们拖延的原因之一。这些孩子上学总是迟到,他们会天真地认为自己计划好了时间,经常会有这样的想法:"坐车只需要20分钟,那我提前10分钟出发就够了。"他们完全没有考虑到路上堵车的情况,所以尽管他们自以为上学不会迟到,但结果依然会迟到。

孩子有个绰号叫"小拖拉"。他从小就做事拖拖拉拉,所以家里人都叫他"小拖拉"。

从自己学吃饭开始,他就是那样,慢腾腾地伸出手拿勺子,哪怕勺子盛满了饭也要两三分钟才吃到嘴里,再细嚼慢咽,按照这个速度,吃小半碗饭起

码要花1小时。刚开始妈妈还会催:"快点,你为什么吃饭都这样慢啊,我要赶着去上班。""宝贝,早点吃完,妈妈要去上班,你早点吃完,妈妈晚上回来给你买玩具。"软硬兼施,孩子依然如此慢,妈妈放弃了,把孩子交给外婆带。

外婆给予孩子充分的耐心,使得孩子逐渐形成慢条斯理的性格。当妈妈说:"你做事怎么这样慢?"孩子反而不急不躁地说:"吃饭、上学,这有什么好着急的呢?"外婆也说:"其实你别看孩子做事慢,可细心了,上次他帮我择菜,做得非常好,菜择得非常干净。"妈妈说:"妈,小孩子就要培养做事的速度,他以后又不是天天在家里跟你做这些事情。做事老是这么磨蹭,以后怎么生活啊?完全没有节奏。"

案例中的孩子天生慢性子,又在外婆的影响下逐渐养成做事拖延的习惯。如果不及时加以纠正,他以后就会养成习惯,难以改变。某些孩子性子比较慢,平时也比较安静,妈妈需要加以引导,尽可能让孩子改掉做事拖拉的坏习惯。

其实孩子性子比较慢,未必是坏事。天生"慢半拍"的孩子有耐心,也比较专注、有持久力,他们可以安静地把一件事做好。当发现孩子天生慢性子时,妈妈要有耐心,切不可急躁行事、火急火燎地训斥孩子。若孩子性子太慢,过马路也要有人催,上学总迟到,写作业也总拖到深夜,严重影响孩子的生活和学习,那妈妈就应该想办法引导孩子改掉拖延的习惯。

小贴士

要想孩子改掉拖延的习惯,妈妈可以这样做。

1. 尽可能多与孩子互动

在平时生活中,妈妈尽可能多地与孩子做互动游戏,如做一些关于时间的小游戏,让孩子在规定时间内找到相同或相似的图片,这样有趣的游戏容易让孩子积极参与，慢慢地，孩子拖延的习惯就会得到纠正。

2.适时表扬孩子

发现孩子拖延，妈妈不要觉得他的行为难以纠正，对孩子吃饭慢、上学总迟到的行为大声责骂或训斥，这样只会更加打击孩子，让孩子变得自卑，更进一步强化孩子的拖延行为。当孩子做事稍微快一些的时候，或者有一些进步的时候，妈妈一定要注意多给孩子一些口头表扬，这样孩子才会逐渐改掉拖延的习惯。

3.让孩子慢慢成长

孩子在成长过程中会遇到许多问题和困惑，对缺乏认知的他们来说，外面的一切事情都是非常新鲜的，每天都要吸收、学习许多新知识。在这种情况下，孩子有时就可能出现反应比较缓慢或跟不上节奏的现象，这个时候妈妈就要多给予孩子包容和理解，别给孩子太大的压力，给孩子一些锻炼的机会，让他们学会在成长过程中慢慢摸索和体会。

4.让孩子承担拖延的后果

如果孩子总也改不掉拖延的坏习惯，那妈妈可以让孩子承担拖延的后果。例如，可以让孩子在规定时间内完成一件事，假如孩子没有按时完成，那就不要让孩子继续做下去。如果孩子没有在规定的时间内写完作业，那妈妈可以让孩子停止写作业，然后教导孩子说：这次你没有按时写完作业，让我很失望，希望你以后继续努力。

孩子总是用拖延来吸引妈妈的注意

生活中，我们经常看到这样的画面：孩子非常热情地呼唤妈妈，却换来妈妈冷冷的回应"你没看见我正在忙吗""我正忙着呢，等会儿"。妈妈极度不耐烦的语气，传递给孩子的信息是：妈妈对我正在做的事情没有兴趣，我并不是她爱的宝贝。如果妈妈长时间忽视孩子，只会让孩子对妈妈失去信任，从而变得叛逆，甚至变得自私、不合群、缺乏爱心，觉得不受妈妈重视，于是做什么事情都无精打采，心理渐渐趋于消极化，逐渐变成一个"小拖拉"。

对许多家庭来说，年轻的父母因忙于自己的事业，将孩子交给爷爷奶奶或外公外婆照顾，甚至把孩子全托，只有周末才把孩子接回家一起生活几天培养感情，于是他们有了"周末父母"的称号。随着现代社会的发展，这已经成为比较普遍的社会现象。一年12个月，每个月按4周计算，这样大致算下来，一年之中妈妈和孩子一起度过的时间竟然不到1/3。妈妈连陪伴孩子的时间都少得可怜，更别说关注孩子的心理需求。

有时孩子需要的不仅是妈妈的一句赞扬，他们更需要得到妈妈的重视和关心。假如妈妈没有及时关注孩子的成绩，会让孩子感到失望，甚至有可能让孩子失去继续努力的动力。妈妈及时赏识孩子，表现出真心的赏识，将会传递给孩子一种强大的精神力量，会让孩子更加自信，从而激励孩子奋发向上，让孩子健康快乐地成长。

孩子需要陪伴，而且必须是父母两人的陪伴。孩子在成长的每个阶段，都有特定的心理需求，这是妈妈不容忽视的。面对孩子渴望的眼神，妈妈不能一句"没看见我正在忙吗"就敷衍过去，这会让孩子更受伤。

小贴士

那么，妈妈应该怎样给孩子更好的陪伴呢？

1. 及时关注

每个人都希望获得别人的认同，孩子更是这样，特别是来自妈妈的认同和关注。孩子通过自己的努力，在学习或者比赛中取得好成绩，这就是值得妈妈赏识的事情，这时妈妈就应该及时给予孩子热情的赏识和赞扬。许多事实证明，及时赏识和赞扬孩子，比以后再给予赞扬起到的作用要大很多。

2. 关注孩子的心理需求

妈妈不要只关注孩子物质上的需求，需要更加关注他们的心理需求，如注重孩子情商和性格的培养，尽可能多抽时间陪孩子，与他们多些时间在一起，关注孩子生活中的点滴变化，培养孩子良好的习惯和性格。

3. 主动关注孩子

别总是等着孩子问"妈妈，你觉得我画得怎么样"，妈妈需要主动关注孩子。例如，孩子突然之间变得不喜欢说话，妈妈要及时关注并与孩子沟通，找出原因，帮助孩子走出负面情绪。孩子每天放学后，妈妈可以习惯性地问：今天过得怎么样？发生了什么有趣的事情吗？

4. 关注孩子在学校的表现

或许妈妈每天忙于工作，不容易发现孩子的一些情况，那不妨多问问老师，老师会乐意向妈妈说明孩子的情况。例如，孩子上课积极回答问题吗？孩子与同学们关系融洽吗？通过孩子在学校的表现，判断孩子近段时间的身心变化，这样妈妈可以更好地根据孩子的实际情况调整教育方式。

第2章
读懂孩子,科学引导孩子不再拖延

面对做事磨蹭的孩子,妈妈常有这样的感慨:你越着急,他越慢。其实,孩子有他自己的行为规律,妈妈要采取科学的方法,越是催促,孩子越容易产生逆反心理,从而变得更加磨蹭。

你了解孩子的想法和意愿吗

在教育子女方面，父母容易陷入一些误区，即不管孩子想什么，不管孩子的意愿，只一味对孩子进行批评式或输灌式教育。家长永远站在权威、强势的位置上，不能理解孩子的想法和意愿，一厢情愿地认为自己"为了孩子好"，总是命令、强压、威胁，反而容易激起孩子的逆反心理，引发孩子的激烈反抗，当孩子无法反抗时，就会对父母的要求消极应对进而出现拖延的行为。要想改变这种情况，就要创造孩子和家长平等对话的环境，妈妈要做孩子的好朋友、好伙伴，才能使家中的沟通氛围更和谐温馨。

小贴士

怎样做到尊重孩子的想法和意愿，进而帮助他们不再拖延呢？妈妈从以下几个方面努力，往往能取得更好的效果。

1. 征询孩子的意见

当你制订关于孩子的某项计划或规则的时候，最好听听他的意见，无论是"每天晚上只许玩半小时的游戏，9点以前睡觉"，还是"暑假去参加某某兴趣班或夏令营"，事先最好都征求孩子的意见，对于自己参与制订的计划，孩子更有执行的兴趣、信心和耐心。不要安排孩子的一切，可以问他"这周末想要怎样安排"，孩子对于自己制订的计划往往会积极执行，从而避免拖延。

2. 深入了解孩子的心理和需求

妈妈应该花时间与孩子交流，了解他们为什么拖延，是因为学习上的困难情绪上的压力，还是对某项任务不感兴趣。通过观察孩子的行为和情绪，妈妈可以更好地把握孩子的心理状态，从而更精准地找到解决拖延问题的办法。

3. 尊重孩子的个性和差异

每个孩子都有自己独特的生活方式和节奏，妈妈不应该一刀切地要求孩子立即改变拖延的习惯。妈妈应该尊重孩子的个性，鼓励他们按照自己的方式逐步改进，避免过度压迫导致孩子产生逆反心理，进一步加重了孩子的拖延习惯。

妈妈越催促，孩子越是用拖延来反抗

生活中，总会听到妈妈大声呵斥孩子："快点，你怎么这样慢？"有拖延习惯的孩子晚上迟迟不睡觉，早上上学又找各种借口不起床，经常让妈妈焦头烂额、不知所措。而且，在与孩子的沟通中，妈妈越着急，孩子越不愿意配合，最后的结果就是在孩子的哭泣中解决所有事。

遇到慢腾腾的孩子，妈妈会哭笑不得，可能自己已经着急得火烧眉毛，但孩子却依然慢条斯理地按部就班，甚至还会淡然地说："这有什么好着急的呢？"

孩子做事有拖延的习惯，这让妈妈很生气。每天清晨充斥在家里的就是妈妈的大声呵斥，这种情况从孩子上幼儿园开始就再也没停过。

让妈妈非常生气的是，孩子每天早上起床后总是找各种理由拖延上学时间。每天早上，妈妈6点起来，然后就去孩子房间喊他起床，再转身去卫生间洗漱。洗漱完再喊孩子一次，然后转身去厨房做早餐。但直到做好了早餐，孩子还没起床，妈妈走进卧室，看见孩子睡眼惺忪地坐在床上，也不穿衣服，只是呆呆地坐着。火急火燎的妈妈便大声训斥："你在干什么？赶紧穿衣服下床吃早餐。"孩子慢腾腾地拿起衣服，妈妈实在看不下去就动手帮他把衣服套上，又把拖鞋拿过来，等孩子下床，妈妈在卫生间挤好了牙膏，催促道："快点啊，你怎么像乌龟一样啊？我看你比乌龟还慢。"结果妈妈每天自己急出一身汗，哄着、吼着孩子穿衣服吃饭，到7点半也出不了门。而且，孩子在每件事情上都有很多借口，穿的衣服不喜欢、吃的早餐不可口，一点点不满意就开始拖延，总之，不论做什么都是一个字——慢。

孩子做事慢腾腾的，妈妈着急得不得了，怕孩子坐车迟到，怕孩子上学迟到，所以妈妈忍不住大声训斥，结果很多时候都是越骂越慢。有些孩子自己玩或者跟其他小朋友一起玩时，不管是说话玩游戏，还是摆弄玩具，反应速度都不慢。那么，为什么孩子与妈妈在一起，尤其是妈妈越着急时他越慢呢？

其实，拖延是孩子对妈妈的隐形反抗，孩子在用拖延来表达对妈妈的愤怒。在孩子的潜意识里，妈妈愤怒的时候，孩子也生气。不过，孩子在高高在上的妈妈面前始终处于不平等的地位，所以孩子对妈妈不满也不敢直接反击，只能间接表达自己的愤怒，那就是拖延。

孩子放学后第一件事就是打开手机玩游戏，妈妈若是喊他写作业，他就说等吃过晚饭再写。等到吃了饭之后，妈妈提醒他该写作业了，结果他又说自己吃太撑了，先休息一会儿再写吧，然后就躺在沙发上看电视，结果电视节目总也看不完，看了这个又看那个，在妈妈的不断催促之下，他磨蹭到九十点才开始写作业。每到周末放假，孩子总是先尽情地玩，直到星期天下午才开始写作业，之前总是找各种借口拖延。

事实上，每个人对别人的训斥都会感到生气，更别说是敏感的孩子。妈妈如果总把孩子当成自己的所属物，随便责骂，孩子在没办法反抗的情况下，只能用消极手段来对抗你的愤怒，即拖延。

那些平时严厉的妈妈往往容易培养出拖延的孩子，因为这样的妈妈并不懂得与孩子沟通，只要求孩子无条件地服从自己，孩子在妈妈不断催促之后只能行动，于是就采用拖延战术。在这种情况下，拖延在很大程度上是一种被动攻击的行为，孩子以此对抗妈妈对自己的控制。

> **小贴士**

孩子的习惯性拖延是能够改善的,妈妈可以从以下几点引导孩子改变拖延的习惯。

1. 别对孩子太苛刻

大部分妈妈喜欢给孩子安排任务,而不是放手任由孩子自己做决定。一旦孩子做事情没有达到自己的要求就是一顿斥责,甚至会惩罚孩子。孩子在这样苛刻的氛围之下,很容易养成逃避、拖延的习惯,同时也不喜欢表达观点,反而喜欢隐藏自己的想法。妈妈别对孩子太苛刻,要学会尊重孩子,给孩子试错的机会,这将有效改善孩子拖延的习惯。

2. 分目标完成任务

生活中有些事情的难度比较大,经常会超出孩子的能力范围。在这种情况下,孩子就会对任务目标感到恐惧。妈妈可以帮孩子把整个任务目标分解为一个个的小目标。例如,前面一段时间做任务,完成一部分后休息一会儿或者做个小游戏,再做一段时间的任务,再休息一会儿。按照这样,任务就容易执行,孩子自然不会拖延。

3. 给孩子适当的压力

面对严厉的妈妈,孩子的拖延本质上是一种逃避行为,大部分原因是孩子担心会失败。当妈妈告诉孩子,失败是可以接受的,重要的是要懂得怎么样进步。这样孩子才不会担心失败,也不会再想逃避。给予孩子适当的压力,他们在未来的人生中才不会恐惧。

妈妈事事代劳，让孩子无事可做

孩子为什么拖延？因为妈妈什么事情都为他做了，所以他无事可做。一般而言，当孩子两三岁的时候，妈妈就可以慢慢教孩子学做自己的事情，这样孩子到五六岁时就能基本做到生活自理，再大一点就可以帮助妈妈做一些简单的家务。"孩子才四五岁，让他做家务合适吗？"不少妈妈表达了自己对孩子做家务的矛盾心理，一方面觉得应该从小锻炼孩子，让孩子做些家务；另一方面又觉得孩子还比较小，不知道让孩子做家务是否合适。

其实，教育专家建议，应该从小培养孩子做家务的意识，妈妈应该相信孩子会做好，放手让孩子做一些力所能及的家务。例如，帮父母拿衣物、鞋子、小凳子，如果孩子有兴趣，还可以教孩子扫地、擦桌子、整理衣物等，培养孩子爱劳动的好习惯。而且，在做家务的过程中，孩子本身也会感受到乐趣。

经常丢三落四，找不到自己的书和作业本，漂亮的书包里乱得像"废纸篓"，这些现象在许多孩子身上时常发生，而造成这种现象的很大一部分原因就是妈妈对孩子的事情大包大揽，她们总认为孩子还小，一些事情还不会，却不懂得教孩子怎么去做，连整理书包这样的事情也一手包办。长期这样，孩子的生活自理能力就会越来越差，现在可能只是书包乱糟糟的，以后他的生活也会是乱糟糟的，没有任何条理。因此，妈妈没有必要对孩子有求必应，而应该培养孩子的动手能力和责任意识。

孩子生活自理能力差，动手能力差，对妈妈依赖性强，面对这样的情况，妈妈需要教育孩子，让孩子明白他已经不再是幼儿园的小朋友了，他已经长大了，自己能做的事情要自己做，特别是学习用品、书包，一定要自己整理，这样就不用担心东西找不到了。

另外，妈妈要先从和孩子一起整理书包开始，教孩子学会看课程表，逐渐让孩子学会依据第二天的课程安排整理书包。为了让孩子学会有序地生活，妈妈应该有意识地让孩子做一些力所能及的事情，不要担心孩子做不了，要培养他独立生活的能力。

小贴士

那么，妈妈应该怎样培养孩子独立生活的能力呢？

1. 让孩子学会有序地生活

学会有序地生活是追求高品质生活的表现，特别是对正在成长的孩子而言，有序的生活环境有利于孩子养成良好的生活习惯，孩子将受益终身。这时候不妨让孩子从收拾自己的书包开始，逐步培养有序的生活习惯。唤醒孩子的独立意识，改变孩子事事都依赖妈妈的坏习惯，当孩子乐意主动动手时，妈妈要及时给予表扬，让孩子看到成功，体验到快乐。

2. 让孩子学会自我管理

有的妈妈认为孩子还太小，什么事情都做不了，在这样的思想下，妈妈将孩子的一切事情都包揽了，这表面上是爱孩子，其实是害了孩子，因为总有一天孩子要脱离你的庇护，展开翅膀自由飞翔。

3. 让孩子做一些力所能及的家务

有的妈妈认为孩子的任务就是学习，家里的事情用不着孩子操心，实际上，做一些力所能及的家务可以让孩子放松心情，真正地做到劳逸结合。妈妈应该让孩子做一些简单的事情，如与父母一起打扫卫生、择菜、洗菜，还可以让孩子学做饭，做一些简单的菜，让孩子到不远的地方买些日用品，等等。这样即便是父母外出了，孩子也能够照顾好自己。其实，这些事情在孩子看来是新鲜的，也是快乐的，做完之后他也会有成就感，觉得自己能帮助父母做事了。

让孩子利用最佳时间段学习，提高学习效率

很多孩子做事拖延，最主要的表现就是学习拖延，做作业慢。孩子写作业拖延的原因多种多样，涉及心理、生理、环境等多个方面。其中时间管理不当是孩子写作业拖延的一个重要原因。具体来说，当孩子没有良好的时间管理技能时他们可能会难以规划、安排和控制自己的学习和休息时间，从而导致作业拖延为了解决孩子写作业拖延的问题，妈妈需要深入了解孩子的具体情况，找到拖延的根源，并采取相应的措施进行引导和帮助。让孩子利用最佳时间段学习，就是帮助孩子提高学习效率、改掉作业拖延的好方法。

什么是最佳时间段？最佳时间段就是大脑最活跃的时间段。一天有24小时，大脑既有最兴奋、最活跃的时间段，也有疲惫而需要休息的时间段。这就像每天的太阳一样，在夏天的时候，中午12点到下午3点的太阳是最毒辣的，假如想要避开这个时间段或利用这个时间段，那就需要进行一番安排。大脑就像一台机器，不可能一天24小时不停地运转，它也有累、不想动的时候。

紧张的学习实际上就是脑力之间的竞争，学习的效果主要取决于大脑皮层所处的状态。因此，我们要学会科学用脑，而科学用脑最重要的一条，就是充分利用好每天的最佳学习时间段。人在一天的不同时期，大脑的活动效率是不一样的，学习时间应该是一天中大脑最清醒的时候。

因此，要想提高孩子的学习效率，让孩子不再拖延，就要引导孩子利用最佳时间段学习，在有限的时间里最大限度地提高学习效率。当然，每个孩子

的最佳时间段并不是一样的，因为每个人的生理特点及生活环境、学习习惯等不一样，所以每个孩子的最佳学习时间段也是不一样的。在孩子实际学习过程中，妈妈要善于引导孩子充分利用最佳时间段，这样就可以最大限度地发挥孩子自身的潜力。

小贴士

生理学家研究发现，人一天中有4个学习的高效期，假如安排得当，就可以轻松地掌握、巩固知识。因此，妈妈可以让孩子抓住这4个最佳时期学习。

1. 清晨起床后

第一个最佳学习时间段就是清晨起床后，此时大脑经过一夜的休息，消除了前一天的疲劳，十分清醒。这时比较适合学习一些难以记忆但是必须记忆的东西，如英语单词、数学公式、语文诗词等。有时候即便强记记不住，哪怕只是大声读上几遍，也会有利于记忆。因此，清晨是一个最佳的学习记忆时间段。

2. 上午8点至10点

第二个最佳学习时间段就是上午8点至10点，这时人的精力充沛，大脑皮层处于兴奋状态，思考能力最佳，这时候是攻克难题的大好时机，应该充分利用。

3. 下午6点至晚上8点

第三个最佳学习时间段就是下午6点至晚上8点，这也是用脑的最佳时刻。孩子利用这段时间复习，可以加深印象，此时也是整理笔记的黄金时机。

4. 入睡前1小时

第四个最佳学习时间段就是入睡前1小时。孩子可以利用这段时间加深印象，尤其是对一些难以记忆的东西加以复习，会不容易忘记。

第3章
激发信心，孩子不再用拖延来逃避行动

有些孩子比较自卑，而且有重度拖延症。在失败之后，面对现状便会无精打采，他们以自己是个"不行"的人为理由，选择逃避，用拖延向妈妈表示没有能力解决所面对的问题。

喜欢逃避的孩子，在行动上总是不断拖延

为什么拖延的孩子喜欢逃避？因为他们自我设阻，不断推迟完成任务的时间。他们面对一些事情时容易逃避，对那些看起来不可能完成的任务，就会选择放弃。他们只喜欢沉浸在自己的精神世界里，与外界社会几乎脱离。但是，假如孩子在一些不擅长的领域成功了，他们就会鼓起勇气去挑战那些不可能完成的任务。

思想决定一个人的命运，孩子缺乏向不可能完成的任务挑战的勇气，就只能画地为牢，最终将自己的无限潜能化为有限的成就而无法进一步提升。妈妈在这时应该鼓励孩子去挑战困难，去尝试那些不可能完成的任务。

孩子回家之后开始写作业，妈妈在厨房做饭。等到妈妈把饭做好之后，准备检查孩子的作业时，却发现孩子一个字也没写。妈妈强忍怒气，问："怎么这么半天也没写作业？"孩子小声回答："今天的题很难，我不会做。"妈妈说："既然这样，你可以跟我说，我来给你讲解。如果我不检查作业，你就打算明天不交作业吗？"孩子有些低声地回答："其实……也不是这样。"

很多时候，孩子不愿去做某件事的原因就是不相信自己，他们总是以胆怯的样子面对每一件事，那么，当孩子在犹豫的时候，就已经失去了最好的机会。孩子需要去尝试新的、没做过的事情，如果总是不愿意冒险，那就会让自己丧失竞争力。

小贴士

如果孩子喜欢逃避，妈妈可以这样做。

1. 引导孩子遇到困难不要退缩

大多数有拖延行为的孩子遇到困难就退缩，他们并非无法战胜困难，而是缺乏战胜困难的勇气。他们不相信自己能够战胜困难，所以在尚未尝试时就打了退堂鼓。其实，如果妈妈引导孩子在遭遇困难之后选择迎难而上，那他最终肯定能完成任务。

2. 鼓励孩子勇于挑战

有拖延习惯的孩子看着台上讲得滔滔不绝的同学，总会感叹：他讲得多好啊，我肯定不行，我上台双腿就哆嗦，站也站不稳……而且我还会忘记自己讲的内容……如果台下有人发出质疑声，我肯定会选择逃跑。这些都是他在尚未开始挑战就幻想出来的，是不切实际的。妈妈需要做的就是打消孩子这些想法，鼓励孩子勇敢参加一次公开讲话的活动，这样才会让他变得自信。

3. 帮助孩子克服脆弱的心理

当拖延变成孩子的一种习惯的时候，那么喜欢逃避的他就已经诞生了。因此，父母需要帮助孩子克服过于追求完美而脆弱的心理，不仅如此，还要鼓励孩子勇于挑战自我，这样才能帮他塑造充满勇气的自信人生。

"低自尊"的孩子总是行为拖延

生活中，一些喜欢拖拖拉拉的孩子会有这样的特征，他们深深以为"自己不配拥有美好的东西"，于是无限地放低自尊，活得小心翼翼。当父母生气时，他们总会控制不住地想要道歉，哪怕他们本身并没有做错什么，甚至引起父母生气的也不是他们；总是不停地满足身边人的需求，却往往忽视自己的需求；听到来自父母的表扬，也会感到浑身不自在。对低自尊的孩子而言，在语言沟通中与父母产生冲突时，一旦父母的气势变高，便会不由自主地想要妥协、退让。

"低自尊"的孩子常常贬低自己，经常给予自己消极的暗示：我一件事情都做不好、我太笨、我根本没用等。对自我价值的低估，导致他们在做事时缺乏责任感与自信心，很难将本来能做好的事情坚持到底。他们的内心是自卑的，总怀着失败主义的态度，即便身边的人希望给予他们帮助，他们也不理会，反而排斥对方或攻击对方。不仅如此，他们还抗拒变化，他们更喜欢一成不变的生活和学习、熟悉的环境和人际关系。

父母应该清楚，自尊对孩子的期望、行动及对自己和他人的评价有着重大的影响。那些高自尊的孩子更愿意检验自己推断的有效性，有着较高的自我认可度，善于接受其他人的建议，哪怕是与自己意见不一致的人，通常会有不错的社交能力。高自尊的孩子有信心把事情做好，不管任何事情都愿意努力尝试，所以更有可能在学习中表现优秀。

事实上，在生活中每个孩子的自尊水平有所不同，有些孩子自尊水平较高，他们只是间歇性地、遭遇某些挫折时才会产生自我怀疑，但这并不影响平时的正常生活。然而，还有些孩子有着严重的"低自尊"，他们会接连不断地产生自我否定的想法，即便遇到一点点挫折，也会产生强烈的自责。在他们看来，自己并不具备应对困难的能力，他们不相信自己的社交能力，甚至看不见自己的优点。一旦遇到困难，他们就认为自己能力有限，不容易在没有帮助的情况下改变现状，从而丧失坚持下去的信心。

一个孩子之所以拖延，就是因为隐藏的"低自尊"。他们不敢去追求那些真正美好的东西，即便有机会拥有也会主动拒绝，理由是自己不值得。相反，那些稍微不好的反而让他们有安全感。不仅如此，他们在生活中也总会觉得自己在不知不觉中让父母不高兴了。

"低自尊"的孩子做任何事情都往坏处想，不愿意付出很多努力，所以他们在学习上也很吃力。即便如此，他们还喜欢批评同伴，令自己变得孤独，同时他们又经常过分专注于这些不被接受的情境，这又进一步削弱了他们的自尊，形成恶性循环。

小贴士

如何改变孩子的"低自尊"呢？

1. 切忌做比较

不要拿孩子跟别的孩子做比较，要让孩子明白每个人都是独特的，跟别人比较不重要，重要的是跟自己比。引导孩子关注学习或做事的过程，而不是把眼光盯在结果上，当孩子沉浸在学习或做事的过程中时，好的结果是自然产生的。我们也要避免给予孩子过多的夸奖，因为一旦孩子寻求表扬我们就满足他的话，也可能导致孩子盲目自大，阻碍了孩子发展接受客观现实的能力。

2. 及时给予鼓励

对于自暴自弃的孩子，我们要肯定孩子的努力，取得一点点进步我们都要给予及时的鼓励；我们要更多关注孩子的优点，培养其自信心。不管怎么样，一定要真心信任孩子，相信孩子的能力，陪伴他慢慢成长。

自我效能感越低，越喜欢拖延

从心理学角度来看，一些孩子对自身能力不自信是导致拖延行为的一个重要原因。例如，那些曾经遭遇过重大挫折，对自己不够自信的孩子，容易产生逃避心理，不断地推迟完成任务的时间。

低自我效能感也是导致拖延的因素之一，其实在这个世界上，每个孩子都是独一无二的，都可能是那一颗等待被发现的金子。然而，在现实生活中，很多孩子总是处处与他人比较，觉得自己不如别人优秀，似乎自己这辈子将会一事无成。

每个孩子都有自己的价值，这是不容怀疑的，妈妈需要做的就是欣赏他的优点，让孩子认清自己的价值。许多妈妈喜欢把自家孩子与其他的孩子比较，这带给孩子的只有失落、沮丧、烦恼、生气，更为关键的是，比较之后，孩子会变得不自信，开始怀疑自己的能力，甚至会变得自暴自弃。因此，妈妈不要处处比较，为自己平添烦恼，而且这样做很容易让孩子逃避问题，结果越是逃避越喜欢拖延。

本来，约翰学习不积极，成绩很糟糕，感觉自己一无是处。在平常的学习生活中，约翰常常与那些所谓的尖子生比较，结果越比较越泄气，内心的怨气让他开始"破罐子破摔"。约翰自然而然地将自己划分到"失败者"这一行列，而这样的结论正是在长期的比较中得出来的。没想到，一位老师的巧妙暗示却成为约翰走向成功之路的助推器，通过老师的话语，约翰明白了，原来自己才是独一无二的人才。对此，约翰的内心受到鼓舞，他不再泄气、不再抱怨、不再比较，他开始朝着成功的方向前进。

在日常生活中，像约翰这样的孩子很多，由于胆怯、不善言辞，给自己的学习和生活带来很大的影响。他们总是担心失败了会怎样，所以经常会表现得犹豫不决。由于顾虑的东西实在太多，行动起来就会瞻前顾后、畏首畏尾，最后往往会以失败告终。而当失败了，他们又会不断地找一些客观的理由和借口为自己开脱。

小贴士

那么，妈妈应该如何提高孩子的自我效能感呢？

1. 不要让孩子陷入比较的旋涡中

决断者与拖延者的差别在于，决断者从来不与他人比较，他们相信自己永远是独一无二的；而拖延者总是沉迷于比较中，在比较中丢失自我、满腹怨气，最后导致自己成为平庸的人。因此，妈妈一定不要让孩子陷入比较的旋涡中。

2. 挖掘孩子内在的潜能

我们都希望孩子成为最优秀的那一个，但事实上孩子可能没有达到父母的期望值。这时，妈妈不妨看看孩子的优点，挖掘孩子内在的潜能，相信孩子，别让孩子迷失在自卑里。每个孩子的内心都有着无限的潜力和能力，只是尚未被发掘。因此，不要贬低孩子，而是想办法通过不懈努力挖掘孩子内在的潜能，孩子就是独一无二的。

看到孩子的优点，激发孩子的信心

有拖延行为的孩子需要鼓励，尤其是来自父母的表扬。对孩子的肯定、认可和赏识，既可以给孩子指明努力的方向，又可以增强孩子继续前进的动力，还可以激励孩子克服困难、努力提升自己。最重要的是它表达了这样一种观点："妈妈爱你，欣赏你，相信你。"最尊敬、最亲近的人的支持和欣赏，往往可以培养孩子的自信与敢拼敢闯的品格，还能增进父母和孩子之间的感情，使家庭氛围更融洽。

小贴士

千篇一律的"宝贝真棒""你真聪明"往往让孩子盲目自信而无所适从，从而养成狂妄、偏激的性格，那么，妈妈应该怎样巧妙地激励孩子呢？

1. 夸赞孩子的品格而非天性

"你进步真快""宝贝真努力""你做事很用心，非常认真，而且很有耐心，妈妈相信你会有很好的前途的"，这些夸赞能够带给孩子对进步和未来的信心。当你给孩子贴上一个"好标签"，你为他的进步而欣喜，他就会带给你一个又一个惊喜。夸奖是给孩子最好的奖励，尤其是对他可改变的行为和品格的夸奖，更是如此。

2. 夸奖更要配合激励

很多时候，我们发现经常被称赞的孩子总是在原地踏步。如果我们只给予肯定和夸奖,甚至小题大做,把本来不是很理想的成绩说成优异的成绩,把本来准备接受批评的孩子捧到天上,而不对孩子存在的差距和不足做出提醒和激励,就会让孩子误会你的意图,以为你对他的成绩很满意,继而放弃继续努力和积极进取的想法。正确做法是在赏识的基础上,提出建议和鼓励,让孩子在欣慰的同时,感受到你的殷切希望。可以对孩子说:"成绩很不错,不过再努力一点,你会取得更优异的成绩!"或者"不错,成绩比上次有进步,这是你努力的结果,继续努力一些会更好!"

3. 珍视孩子的进步

妈妈随时都要看到孩子的进步,并及时给予赏识,从而让孩子重新建立做好事情的勇气和信心,否则会让孩子失去前进的动力。

对孩子任何的一点进步,妈妈都应该及时给予鼓励和称赞,欣慰地对孩子说"你长大了"或者"不要急,慢慢来,你已经有了进步""你一点也不比别人笨,妈妈每次都能看到你的努力和进步"。这些足以让孩子感受到你对他的重视,从而产生"我一定能做得更好"的勇气和信心。

4. 给孩子战胜困难的勇气

当孩子面对没有做过的事情,或没有把握的事情,或者面对困境和挑战的时候,最希望得到妈妈真心的鼓励。告诉孩子"你能行""不要怕""再加把劲儿""你是个勇敢的孩子""要有点冒险精神呀",鼓励孩子勇敢面对、大胆进取,不断努力和尝试。

5. 认可孩子的观点和行为

孩子往往希望从大人那里得到认可,但我们似乎总是让他们失望。告诉孩子"你的看法有道理""你一定有好主意""你的想法呢",而不要轻易否定他们的看法和想法,不要驳斥他们的意见。学着肯定孩子的观点,让孩子表达出自己的心声,让他们按照自己的想法做做看,去试探一番,宁愿他们从中得到教训,也不要轻易否定他们。没有试过,你怎么知道自己就一定比孩子高明呢?

让孩子主动做一些家务，获得成就感

对于习惯拖延的孩子，妈妈可以给他一些做家务的机会，培养他积极的行动力。教育专家指出，让孩子适当地参加家务劳动可以培养孩子的独立生活能力，增强他们的责任感，继而减少孩子的过度依赖心理，增强孩子的独立性。因此，建议妈妈先从身边的小事开始培养孩子的独立意识，提高孩子独立生活的能力。

周末，妈妈和孩子一起忙碌了起来。拖地、擦桌子、整理东西，孩子一边擦桌子，一边好奇地问妈妈："以前我看这桌子都不脏，怎么现在擦起来全是灰尘？"妈妈一边甩着胳膊，一边说："这就是家里看不见的垃圾，几乎每周我都要来一次大扫除，把这些灰尘消灭干净，否则你睡觉的时候，空气里的那些灰尘啊、细菌啊就会钻进你的身体，破坏你的身体。""嗯，妈妈，以后每次大扫除我都要参加，我们把爸爸也拉进来。"孩子积极推荐自己，还想把爸爸也拉下水，"可以啊，这样妈妈就轻松了，有了你们的帮忙，一会儿就干完了。"妈妈也很兴奋。孩子去接了水，故意朝妈妈身上洒了一些，妈妈也不认输，两人在屋里打起了水仗。玩了一会儿，妈妈建议："我们来比一比，看谁先把自己的房间整理完，一会儿输的那一个就请吃冰激凌。""好嘞。"孩子投入紧张的劳动中。

妈妈让孩子做一些力所能及的家务活，可谓是益处多多：首先，有利于培养孩子的自立意识和独立生活能力；其次，有利于训练孩子的手脑协调功能，增强孩子动手动脑的能力；最后，在帮助父母干家务活的过程中，孩子能够体验到劳动带来的苦与乐，丰富了孩子的课余生活。另外，这也为孩子提供了一个体验生活的机会，让孩子懂得感恩，懂得珍惜每一天的生活。

小贴士

妈妈应该怎样培养孩子做家务的习惯呢？

1. 让孩子学会自己的事情自己做

孩子总有一天要离开父母的怀抱，展开翅膀自由飞翔，所以妈妈要培养孩子独立生活的能力，要让孩子知道自己的事情自己做。当孩子还小的时候，妈妈可以教孩子学会自己穿脱衣服，自己铺床叠被，自己收拾整理玩具和学习用品等。在学习中，妈妈要先示范，然后让孩子在妈妈的指导下练习，直到孩子能独立完成为止。

2. 陪同孩子参加一些公益活动

现在社会上有许多适合孩子参加的公益活动，这有利于培养孩子的劳动习惯。父母可以在周末或者假期陪同孩子参加社会组织的一些公益活动。例如，植树、除草、扫雪，也可以陪同孩子照顾附近的老人，还可以让孩子为邻居做一些简单的事情，如发报纸、取牛奶、照顾小朋友。让孩子在劳动中获得快乐，学会帮助别人。

第4章
培养时间观念，是根治孩子拖延症的前提

对孩子来说，他们对时间的感知能力较弱，甚至并没有意识到时间的价值。父母是孩子的第一任老师，在生活中，妈妈要帮助孩子树立时间观念，培养孩子的时间管理能力，这对孩子未来充分利用时间是很有必要的。

尽早培养孩子的时间观念

有些孩子往往会表现出这样的特点：做事拖拖拉拉，有多少时间就会磨蹭多少时间；经常忘记与别人约定的时间，四处闲逛，等到想起来的时候，别人已经在那里等了很久；要不然就是经常迟到，总觉得迟到一会儿没有关系；即便是暑假这么长的时间，他们也不会合理运用，要么在家睡一天，要么出去玩一天。

总的来说，许多孩子没有良好的时间观念，不守时、不珍惜时间，根本没有感到时间的紧迫。或许在很多时候，年纪尚小的他们认为，时间对他们来说还有很多，可以任意挥霍；或者认为时间是留不住的，也不用拼了命去抓住它。

其实，这样的想法是错误的。当孩子拥有良好的时间观念，就会为赢得成功奠定坚实的基础。因为在某种程度上，良好的时间观念会促使孩子做事条理化、规范化，还会提高他做事的效率与质量。良好的时间观念，会成为孩子走向成功的有力助手。

周末，孩子还在睡梦中，就被爸爸叫了起来。哈欠连连的孩子直抱怨："大清早就叫醒我，我还没有睡够呢。"妈妈看着孩子，笑着说："都睡迷糊了，你忘了昨晚答应爸爸什么了？"孩子一下子清醒了，原来，昨晚自己随口答应与爸爸一起去外婆家。孩子看了看挂在墙上的钟："这才8点呢，着急什么，不是约好了9点半吗？还足足有一个半小时呢，我再去睡会儿。"孩子正准备往房间走去，被爸爸逮住了，爸爸有些严肃地说："快点洗漱，吃早饭，穿好衣服出门，到时候迟到就不好了。"孩子撇了撇嘴，去了卫生间。

妈妈在教育孩子时同样要告诫他们：不要浪费别人的时间。良好的时间观念，并不只是简单地珍惜时间，还包括许多关于时间的行为准则。除了珍惜时间，还需要遵守约定、守时、准时及合理利用时间。时间是一个很奇怪的东西，越挤它就越有，就如同海绵里的水，源源不断地从缝隙中流淌出来，汇成一条小溪。

妈妈需要教导孩子：约定了时间就要按时到达，即便迟到一分钟也是不礼貌的；需要谈事情的时候，及时切入正题，并在规定的时间里把话题说完，这样做才是有礼貌的，不过也不要什么话都不说，既然来了，就不要浪费对方的时间。

当孩子发现自己的时间比较紧迫，不如帮孩子挤挤时间，空余出一些时间。当然，珍惜时间并不是让孩子没日没夜地学习，甚至牺牲休息的时间，而是合理利用时间，学习时间、休息时间、吃饭时间、运动时间，合理安排这一切，会让孩子发现每天都过得很充实。

小贴士

妈妈应该怎样培养孩子的时间观念呢？

1. 准时赴约

遵守约定时间是对别人的尊重，也是对自己的尊重。守时表达了你对别人的尊重，同时意味着你能赢得别人的尊重。妈妈需要告诉孩子：你与朋友约好几点见面，那就一定要准时赴约。例如，两个人约好周日上午9点见面，有一方9点以后还迟迟不来，给他打电话竟然关机，那这个爽约的人一定失去了信誉，自然也失去了成为对方朋友的机会。

2. 避免让别人等待

让别人等待就是浪费别人的时间。例如，在上课期间，孩子不专心听老师讲课，结果老师在课堂上需要花几分钟的时间教育这个孩子，在这几分钟的过程中，班上其他的学生也没办法学习，那就等于这个不认真听课的孩子浪费了全班同学的时间。妈妈需要告诉孩子这些道理，避免孩子让别人等待。

3. 帮孩子树立守时的观念

什么是守时？就是你说了几点钟做什么就做什么，说几分钟的事情就是几分钟的事情。对孩子而言，妈妈需要帮助他们树立守时的观念，如说好几点回家吃饭，如果到了饭点还没有回来，父母可以先吃，让孩子明白，错过了时间是没有人等你的。

让孩子明白拖延只会浪费生命

拖延只会白白浪费时间，妈妈需要引导孩子马上行动，拒绝拖沓。做任何事情不要给自己留后路，别让孩子安慰自己"以后还会有机会""时间还比较充裕"。在制订好计划之后就没有退路了，唯一的选择就是马上行动。只有马上行动，才能让自己保持较高的热情和斗志，才能够提高办事的效率。而拖沓只会消耗孩子的热情和斗志，拖沓之后再想以疲惫的心态鼓起斗志是比较困难的。成功者就是马上付诸行动，时间就是生命，时间就是效率，时间就是金钱，拖沓一分钟，就浪费一分钟，只有马上行动才能挤出比别人更多的时间，比别人提前抓住机遇。

让孩子在行动之前给自己定下个合理的期限，没有期限的行动往往是无效的或效率很低的。期限的存在会有一个时间约束，能让孩子提醒自己：必须马上行动，否则在约定的期限内完不成计划。

妈妈需要注重孩子在做事效率上的教育，如避免孩子养成拖沓的习惯。年幼的孩子没有时间管理的概念，他们只想做自己喜欢做的事情，又担心父母的责备，所以他们就会做事拖沓，而拖沓带来的结果是父母会安排他们做他们不喜欢做的事情。

在平时的生活中，我们经常会看到孩子在画画或写字的时候，在纸上乱涂乱画，一副心不在焉的样子，而父母则在旁边催促，甚至开始责备孩子。孩子在父母的责备声中速度越来越慢，甚至干脆不再学习。

孩子为什么会这样做呢？

可能孩子对这个活动并不感兴趣。许多父母并不了解孩子，他们对孩子的兴趣点不关注，所以经常会让孩子做一些他不感兴趣的事情，时间长了，为了敷衍父母，孩子就养成做事拖沓的习惯。

可能孩子并不知道什么是浪费时间，父母比较关注孩子课堂知识方面的学习，而忽视了对孩子学习习惯、生活细节的培养，孩子没有时间观念，不懂得珍惜时间，时间长了，自然就养成浪费时间的坏习惯。

一个人成就的大小取决于他做事情的习惯，克服拖沓是做好事情的一个重要前提。要想孩子在学习和生活中有所成就，妈妈就应该培养其做事不拖沓的习惯，通过慢慢培养自己"立即行动"，不断地重复，孩子逐渐养成习惯，"制订目标，马上行动"就会成为一件自然而然的事情。

小贴士

那么，妈妈怎么样才能让孩子不浪费时间呢？

1. 尊重孩子的兴趣选择

妈妈需要耐心点，多观察孩子的兴趣和爱好，适当满足孩子的合理需求。例如，孩子对画画很感兴趣，但不喜欢看书，那妈妈可以投其所好，鼓励孩子去画画，或让孩子用创意涂鸦、剪贴等方式制作动画书、汽车书、动物书等个性图画书满足孩子的爱好，以此激发其阅读兴趣。

2. 让孩子参与时间计划表的制订

妈妈不应该将自己的想法和规则强加在孩子身上，而是需要将孩子看作一个独立的个体，和他一起商量、制订适合的时间计划表。只有这样，孩子才能在平等、民主的氛围下有参与感，体验到你对他的尊重。而且，这样的时间计划表才是真正意义上孩子自己制订的，他会更愿意接受。

3. 清除阻碍孩子行动的理由

妈妈需要清除阻碍孩子行动的理由，假如孩子决定今天晚上就行动，那就不要在乎是否会停电，是否会有其他分心的事情，是否中午没休息好，毕竟类似这样的理由每天都可能出现，要想马上行动就必须清除这些理由。

4. 化繁为简

对需要完成的事情，可能计划很多，具体实施起来很烦琐。妈妈需要做的就是让孩子知道什么事情是现在就要做的，什么事情是下一步接着做的。假如孩子明确了马上可以做什么不可以做什么，他行动起来就会比较容易。

5. 抓紧一切时间

或许孩子抽不出完整的时间完成一件事情，不过总会有一些零碎的时间，这些都可以让孩子有机会行动。不要让孩子等到万事俱备才行动，而是让他随时准备行动。

6. 及时鼓励孩子

孩子一旦开始行动，他的忧虑就会大大地减轻，从而变得自信满满，当孩子的行动有所成就的时候，妈妈应该及时鼓励，让孩子感到喜悦。不过也需要注意，鼓励是一定程度上的，不能变成盲目的夸奖，否则会助长孩子的虚荣心，让孩子目空一切，也不利于孩子的成长。

引导孩子将一周的时间规划好

上天是很公平的，每人每天都只有24小时，不过，同样是24小时，不同的人会有不同的效率。例如，有的孩子善于合理安排自己的学习时间，学习、生活都有条不紊，学习效率也高；而有的孩子却不会合理安排时间，整天忙作一团，学习毫无效果可言。妈妈在引导孩子合理安排时间的时候，不妨以一周作为期限，在制订计划的时候，需要清楚一周内需要做的事情、要达到的目标，再制作一张日作息时间表，在表上填必须花的时间，如吃饭、睡觉、上课、娱乐等。安排完这些时间之后，选定合适的、固定的时间用于学习，一定要留出足够的时间完成学习任务。

有的孩子把学习当成享受，他们觉得双休日可以完全由自己支配，效率是平时上学的两倍，这样一来，相当于每年的时间便延长了一百多天。而那些不善于利用时间的孩子，周末懒惰了，周一还得重新鼓动，一年的时间反而减少了很多。

在制订一周时间计划表之前，妈妈需要统计孩子的非学习活动及这些活动所占用时间的总量，千万不要去占用这些时间来学习，如吃饭、睡觉、做家务及其他活动时间，或周六日晚上，用来社交或娱乐的时间。

对于这些时间，妈妈需要做到心中有数，不安排孩子在这些时间学习。记住，这一点很重要。之所以不把这些时间用来学习，是为了让孩子更有效率地学习。否则，当妈妈强迫孩子在这些非学习时间学习时，学习之外的诱惑力肯定会占上风，效果不会很好，等于做了无用功。

小贴士

一周时间计划表可用于规划学习的时间，把计算出的学习时间分配到一周的每一天中，并做出每天的学习时间表。不过，妈妈还需要注意以下几个问题。

1. 确定最佳时间段

确定一天之内哪段时间孩子的状态最好，大脑最敏捷，就将这段时间用在学习上。由于生活环境和生理条件、习惯的不同，孩子的生活节奏也往往是不同的。有的孩子学习的最佳时间是在上午，有的孩子是在下午，还有的孩子感觉晚上学习效率最高。因此，在了解孩子的最佳学习时间段之后，将最重要的事情放在状态最佳的时间去做，就会取得高效率的回报。

2. 课后复习

妈妈要帮助孩子养成课后马上安排复习的习惯。课后这段时间十分特殊，孩子的思维依然围绕在这个科目上，对上课的内容记得还很清晰，解释和例子也都记得比较清楚，可以说是学习效果最佳的黄金时间。这时，公式和做题技巧很容易记住且易于应用，孩子的理解力和记忆力也可以得到加强。当然，最重要的是检查。妈妈可以制作一张孩子的自我监督表，并把这张表贴在墙上或夹在孩子的笔记本里，至少保存3星期。

3. 避免连续学习超过2小时

在学习过程中，妈妈要避免孩子连续学习超过2小时，学习中间应该安排半小时的休息时间。研究表明，采用"学习—休息—学习"的方式，比"学习—学习—学习"的方式效率高。一直不停地学习不一定能达到预期的效果，中途适当休息一下才是最好的学习方式。所以，在连续学习超过40分钟之后，可以让孩子从座位上站起来，伸伸懒腰、摇摇腿、吃点东西，或向远处看看，转移一下注意力，同时也让孩子的眼睛得到休息。

妈妈要告诉孩子时间的价值

在成年人的世界里,时间就是金钱,不过时间远不只是商品和金钱,时间也是生活、生命。因为金钱是无限的,时间是有限的,用有限的时间去追逐无限的金钱,结果只能受到现实的压迫。商品可以不断生产,钱也可以再赚,但是时间是不能重复的。一个人最不应该做的就是浪费宝贵的时间,因为我们每个人的时间都只能经历一次,而别人的时间更不能随意占用和浪费。所以,时间对于每个人来说都是很重要的。

对成年人来说,时间是赚钱的资本,有"升值"的空间,假如一个人可以恰当地把握时间,就可以让金钱"无中生有"。在工作中,绝不能轻易浪费每一秒钟,一旦规定了工作的时间,就必须严格遵守。

妈妈自己不但要珍惜时间,而且要教育孩子从小养成珍惜时间的良好习惯。所谓"一寸光阴一寸金,寸金难买寸光阴",时间比金子还宝贵。不过孩子并不懂得,时间对我们每个人都是平等的,谁有紧迫感,谁珍惜时间,谁勤奋,谁就可以得到时间老人的奖赏。

养成良好的时间观念是一个人做事成功的基本前提,不过这并不意味着全部。特别是对孩子而言,良好的行为习惯是多方面的。父母是孩子的第一任老师,父母的一举一动都对孩子的一些行为习惯起着至关重要的作用。有些妈妈总以为孩子很小,对孩子做的事不管不问,导致孩子正确的行为缺乏鼓励,错误的行为没有被阻止,时间一长,就形成了许多坏习惯,比如做事拖延。因此，妈妈要注意培养孩子良好的时间观念。

小贴士

那么，妈妈怎样培养孩子良好的时间观念，改掉拖延的坏习惯呢？

1. 帮助孩子提高学习效率

要提高学习效率，需要科学地使用大脑。通常孩子学习1小时左右，他的大脑就会疲倦，如果这时依然继续学习的话，学习效率是较差的。所以，妈妈可以教孩子交替学习，这样大脑各部分就可以轮流得到休息，从而达到提高学习效率的目的。

2. 教孩子善于利用时间

有些事情，最好能用一段完整的时间，一气呵成，这样才能有个好结果。对此，妈妈需要教孩子善于利用时间。例如，孩子计算一道难度很大的数学题，假如今天思考一会儿，就去干别的事情，那第二天再来思考的时候，就会记不得昨天的思路，这样就会耽误时间。妈妈这时不妨教导孩子集中精力，集中时间，一口气想出该题的解题思路，这样学习效率会更高。

3. 避免孩子养成磨蹭的习惯

孩子只有体会到磨蹭给自己带来的损失，才会自觉地快起来。因此，妈妈有时可以让孩子自己去体验磨蹭带来的后果。例如，孩子早晨有赖床的习惯，妈妈不要着急，也不要去帮他，可以提醒孩子：再不快点可要迟到了。假如孩子依然磨磨蹭蹭，不妨就让他这样磨蹭，让他亲身体验上学迟到的后果。假如孩子真的上学迟到了，老师肯定会询问他迟到的原因，孩子挨批评之后，就会意识到磨蹭给自己带来的害处。

4. 巧妙利用倒计时

对孩子来说，有的事情是硬性任务，必须在某个时间段完成，这就需要妈妈教孩子利用"倒计时"的方法安排时间。例如，必须在一个月之内做完的事情,妈妈可以帮孩子算算还有多少天,规定每天做多少,当天没有完成的话,需要及时补上。让孩子明白假如不能按时完成任务,错过了机会,就会前功尽弃。

5. 给予孩子适当的压力

缺乏适度的紧张感是很多孩子做事磨蹭的原因之一,因而妈妈可以在生活中给予孩子适当的压力,让孩子的神经绷紧一些,让他们的生活节奏加快一些。例如,根据孩子的具体情况,可以给孩子的洗漱、穿衣、吃饭和写作业等活动计时,事先与孩子商量好做这些事情需要多长时间,然后要求孩子在规定的时间里保质保量地完成。假如孩子做得好,可以适当给予一些奖励;做得不好,则给予一定的惩罚。

6. 让孩子养成规律的作息习惯

有的孩子的随意性较强,自我控制能力比较差,经常是一边吃饭一边玩耍;或者一件事情还没有做完,心里已经开始想另外一件事情。妈妈如果不注意引导,就会让孩子养成拖拉的坏习惯。而良好的作息习惯是养成时间观念的前提,妈妈可以和孩子一起制订一张作息时间表,什么时间起床,洗漱需要多长时间,吃早餐需要多少时间,放学后做什么,几点睡觉,让孩子做出合理的安排。只有将作息时间固定下来,形成习惯,孩子才会对时间有明确的认识,从而养成良好的时间观念。

第5章
引导孩子设定目标与计划，孩子有目标才有动力去执行

有些孩子对学习缺乏热情，做作业拖延被动，这些现象的原因可能是孩子没有目标感和计划性，所以才会养成做事拖延的习惯。妈妈需要帮助孩子设定目标与计划，让孩子有目的地前行。

目标感强的孩子绝不拖延

你是否询问过孩子：你有目标吗？对正处于学习阶段的孩子来说，他们的目标大多与学习有关，远一点的目标可能是期末考试成绩，近一点的目标可能是每周阅读什么书、做什么功课。对孩子来说，由于认知水平有限，他们在很多时候并未意识到什么是目标，也没有感受到目标对自己的激励作用。

什么是目标感？这主要指的是孩子实现自己设定的目标的勇气，不畏惧目标实现过程中遇到的挫折和困难。拥有目标感的孩子，通常看起来更自信，拥有更多的责任感和创造力，即便遇到生活和学习上的困难，他们也能够鼓起勇气迎接更大的挑战。

反之，那些缺乏安全感的孩子，做任何事情都容易受到外界干扰，时常感到自卑，总是觉得自己很差；或者比较自负、缺少耐心，平时也不容易与人合作。这往往导致孩子做事缺乏行动力，一遇到困难就止步不前。

孩子自从上了小学，看起来总是没有精神，做任何事情都懒懒散散的，平时不喜欢出门，妈妈让她做点事情，她总是能从清晨拖到日落，最后妈妈不断催促，她才万分不情愿地去做。

当妈妈问："你期末打算考多少分？"孩子撇撇嘴："差不多就行了呗，我还需要考多少分啊。"

案例里的孩子就是典型的缺乏目标感，因为没有目标，所以缺乏行动力。

事实上，目标感的建立会决定一个人一生的高度。成大事者大部分为行动家，这并不只是靠空谈，而是靠较强的目标感。年幼的孩子需要具备目标感，妈妈一定要知道，如果要培养孩子的目标感，通常0~3岁为目标感的萌芽期，4~6岁为关键养成期。

如果妈妈只注重孩子的智力发展，把学习成绩凌驾于一切之上，而忽略孩子心理能力的培养，再加上有的妈妈并不擅长替孩子规划，那么在这种环境下成长起来的孩子，看起来很乖巧，但实际上严重缺乏目标感，自我力量缺失，缺少行动力和创造力。

有些孩子的成长全靠妈妈的催促，从小学到初中到高中，终极目标就是"考上大学"，等到大学毕业之后，他们便无法自己制订更有意义的目标。如果孩子在成长过程中习惯由父母督促，一旦妈妈不能再监督、支持甚至替代孩子的时候，孩子就会失去前进的目标和动力，长大后的他们鲜少有出色的成就。因此，作为引导者的妈妈，需要有意识地培养孩子的目标感。

通过培养孩子的目标感，可以让他们以自己的方式表达心理需要，可以建立自己的活动规律，对目标的实现有信心，即便暂时失败也不会自我否定，并且具备较强的责任感，社会化程度也更高。

小贴士

那么，妈妈该如何培养孩子的目标感呢？

1. 认可孩子的目标

当孩子树立目标之后，妈妈要认可其目标，别总说"这个太难了，你根本做不了"，或者嘲讽孩子"你这是做什么事情啊，天天做没用的事情"。孩子的每一个目标都很珍贵，毕竟这些都是孩子学习和探索的动力。虽然以成年人的目光来看，孩子的目标很小，但他们的努力和决心及实现目标过程中的经历比目标本身更有意义。

2. 开拓孩子的眼界

孩子有什么样的眼界，就会立下什么样的目标。妈妈要给孩子更多接触外面世界的机会，帮助孩子拓展视野。毕竟随着孩子年龄及认知的增长，他们的目标也会随之发生变化。通常，那些眼界开阔的孩子能关注到更多的问题，他们会根据自己的喜好找到更可行的目标。

3. 从生活小事培养孩子的目标感

妈妈不要认为目标都是很宏大的，其实孩子的目标感是可以从生活中的小事来培养的。例如，每天与孩子一起决定今天要阅读什么名著，或者做几道数学题等。妈妈可以让孩子参与制订目标，再一起实现目标。不仅如此，妈妈还可以和孩子一起制订日程表，最好可以写下来，一旦孩子找借口拖延，妈妈可以此为依据教导孩子。

4. 调动孩子的能动性

生活中，可能孩子总感觉自己是在被动做事，不管是生活还是学习，都是妈妈吩咐后才会去行动。尤其是学习，孩子会感觉学习不是自己的事情。妈妈需要做的就是调动孩子的能动性，让孩子知道学习是自己的任务，如自己制订学习目标，完成作业才能玩，自己的事情自己完成等。有些妈妈总喜欢替孩子做事情，这是培养孩子目标感的禁忌。妈妈包办的事情太多，孩子就失去了实现目标的能力，即便孩子长大后想法很多，离开你也会一事无成。

5. 别轻易否定孩子

妈妈不要轻易否定孩子做的事情，不能总以成年人的价值观判断孩子做的事情是否有价值。对孩子来说，可能他做的事情对实现目标有非常好的促进作用。例如，孩子想去做某件事情，妈妈可以先询问一下做这件事有什么用，或许这件事是孩子实现目标的途径。

6. 了解孩子喜欢做什么事情

对于孩子喜欢的事情，妈妈应该给予理解和尊重，千万不能将自己的意愿强加给孩子。妈妈要让孩子在兴趣爱好上有一些自由选择的权利,否则孩子一旦遭遇挫折,就会抱怨"明明是你让我做的,结果又不满意"。

7. 鼓励孩子去实现目标

孩子可能对目标只有三分钟热情,一旦真的制订目标之后,孩子会认为目标不容易实现。这时,妈妈不能随意斥责,可以引导孩子分析目标,如果大目标不容易实现,那就将大目标拆分为小目标,然后逐一去实现。

8. 别太关注孩子的成绩

妈妈别把成绩当作孩子学习的唯一目标,这只会加重孩子的压力和痛苦。你可以将更多的精力放在孩子喜欢什么、想做什么的问题上,结合实际情况,帮助孩子分析实现这些目标需要做的事情。当孩子感觉目标难以实现的时候,不妨给孩子描述一下蓝图,让孩子感觉他现在所学是为了离自己的理想更近一步,这时他就能从学习中获得快乐和满足,学习对孩子才更有意义。

引导孩子设定目标

哈佛大学曾经做过这样一个实验,让一些家庭背景、智力水平、学习成绩等情况都差不多的学生回答两道测试题目:你的人生目标是什么?你实现这个目标的计划是什么?

最终的测试结果是:有3%的人写出了清晰目标和详细计划,有13%的人写出了大概目标和计划,有84%的人没有想过这个问题。这个实验持续到10年后,那3%的人的收入是那些没有目标和计划的人的10倍,而有大概目标和计划的人的收入是没有目标和计划的人的2倍。

可以说,有清晰目标和周详计划的人更容易获得成功。尤其是对年幼的孩子来说,重要的是先有目标,这样才能朝着目标前进,大到人生的规划,小到每天的学习小目标,如果每个目标都非常清晰的话,孩子就会有明确的行动方向。哪怕偶尔偏离计划,只要目标依然在,终究会回到正确的方向上。

小宝最近英语成绩下降了,妈妈跟他说:"你最近的小目标就是提高英语成绩,你觉得应该怎么做?"

小宝想了想,回答说:"每天早上朗读并背英语单词。"妈妈问:"还有呢?"小宝说:"其他我不知道怎么办了。"妈妈引导着说:"你英语成绩哪里比较差?是阅读理解吗?还是听力或者单词?我们不仅要巩固基础,而且要有针对性地练习,这样才能够实现提高英语成绩这个目标……"

对孩子来说,可能需要常立志,这是正常的现象,毕竟这一阶段的孩子身心波动比较大，情绪也经常不受自己控制。孩子可能昨天喜欢画画今天喜欢唱歌，过一段时间又发现自己并不适合唱歌而又转向另外一个兴趣。

基于孩子的身心发展特点，他们出现这样的现象很正常，妈妈可以与孩子多谈谈人生的长远目标和目前的小目标，顺应其特点和兴趣去找寻更清晰的目标，而如何去实现这个目标，则需要妈妈的进一步引导。

帮助孩子设定目标，有利于他们养成自律的习惯，而孩子从中获得的内在驱动力能够帮助他们顺利完成各种计划。当孩子学会设定目标，他们的自尊心就会得到很大的满足，他们就可以早早地写完作业，而不会再拖延到最后一刻。这时，妈妈安排孩子做什么事情，根本不需要唠叨，他们就会主动去做，因为他们知道只有做完了事情才能玩。通过设定目标，孩子可以认真思考一天需要完成的任务，并制订计划完成任务。同时，孩子的自信心将不断增长，因为他们可以不断实现自己设定的目标。

小贴士

那么，妈妈该如何引导孩子设定目标呢？

1. 让孩子明白什么是目标

妈妈需要向孩子解释什么是目标，这个词可能比较抽象，最简单的方法就是将它与孩子熟悉的东西紧密联系起来，如他喜欢的足球运动。告诉孩子，目标就是去做一件事，如足球运动员的目标就是射门。设立目标其实就是为了实现梦想，或者让自己在某方面变得更好。孩子想去完成某件事就需要制订计划，这就是设立目标。

2. 注重孩子的体验，让他们挖掘自己的潜力

学习之外的时间，妈妈可以让孩子有更多的体验，允许孩子做他们喜欢的事情。孩子在做事的过程中能够了解自己的兴趣点和擅长点，更重要的是体验到成就感，这样他们才会充满激情，做事的主动性和积极性才能被调动起来。

3. 妈妈也要设立目标

在设立目标这件事上，妈妈需要以身作则，与孩子分享想法，让孩子谈论自己的目标。妈妈可以与孩子谈一些目标和梦想，以及自己设定的计划，如减肥、练字等。如果妈妈常常有目的地向孩子示范设定目标的方法，那么孩子就会学得很快，向父母学习是他们学会制订目标的最简单方法。

4. 别打击孩子的梦想

可能在成年人眼里，孩子的梦想不值得一提，甚至看上去是没办法实现的。即便是这样，妈妈也不应该打击孩子，而要鼓励他们为实现自己的人生目标而努力。孩子有了梦想，就有了行动的力量，通过制订一些切实可行的计划，就可以有条不紊地朝着梦想前进。有了梦想，孩子内心也会变得轻松。不管在追逐目标的过程中遭遇什么样的困难，他都可以积极地去应对一切，因为那是他心中的梦想。

5. 列出孩子的梦想清单

妈妈在平时要关注孩子真正想要做什么，花一些时间和他们谈论梦想与愿望，引导他们列出梦想清单，帮助他们挑选出真正有能力实现的梦想。询问孩子：你具备实现梦想的必要知识吗？为了实现梦想，是否还需要其他人的帮助？是否有足够的时间实现梦想？

6. 引导孩子设置计划表

一旦孩子确立了自己的目标，妈妈需要引导孩子认真思考实现目标的每个步骤。毕竟在行动之前，思考越多，成功的可能性就越大。例如，询问孩子"你希望这学期学习什么技能"，帮助他弄清楚自己的目标，接着问"你打算什么时候实现目标""为了实现目标，你需要做哪些事情""首先做什么，其次做什么，最后做什么"，最后让孩子梳理思路，"为了实现目标，你需要什么人帮忙""需要准备哪些东西"。当孩子熟悉每个步骤之后，帮助他把计划表悬挂起来，这样就可以时刻提醒他完成自己的计划。

7. 关注孩子的进度

妈妈需要把孩子的目标写下来，贴在家中比较醒目的位置，并关注孩子实现目标的过程。当孩子按照计划做事的时候，就在便利贴上记录孩子的进度，这样可以激励孩子不停地努力。

8. 引导孩子分解大目标

孩子设定的可能是一个大目标，妈妈可以引导其将大目标分解为小目标。因为孩子第一次设定目标时，需要在短时间内获得成功，以此获得成就感，这样才会有更大的动力去做其他事。妈妈需要帮助孩子设立短期目标，让他们最多在一个星期内就可以达成，如让孩子读一本书、学一首曲子等，甚至可以帮助孩子进一步细化目标，如每天或每小时需要做什么事情。妈妈在为孩子分解目标的时候，需要根据他的实际能力，帮助他在实现目标的过程中获得更大成就感。

9. 孩子完成目标后，给予鼓励

孩子在成功实现目标时，会非常兴奋："我做到了！我能行！"这会有效提高他们的自信心。尤其是当孩子完成一件事之后，一家人可以一起庆祝，对孩子来说，没有什么比努力实现目标更令人激动了。

让孩子明白好的计划必须合理把握时间

妈妈们会有这样的困惑，孩子不再拖延了，总是像牛一样辛勤地劳作，但似乎不见什么成效。看一看他们每天的作息表，就知道他们有多努力地学习了：早上起床就拿着英语课本大声朗读，即便在路上也不忘回忆自己刚才记住了哪些单词；上课时保持高度的专注力，下课10分钟也不忘翻翻课本；晚上回到家继续看书。在这一整天里，基本上除了吃饭、睡觉、上厕所，孩子都在忙碌地学习。本以为这样孜孜不倦地学习会带来巨大的成效，没想到月考下来，成绩却是不尽如人意。

虽然不能仅以一次考试成绩的好坏判断学习方法的正确与否，但是妈妈要思量一下，孩子每天投入大量的时间学习，是不是有必要。学习计划，最关键的一点就是要合理把握自己的时间。

混乱的学习生活，没有固定的日常作息表，对孩子的大脑而言是很费力的，在这种情况下，孩子难免做事拖延。就像学习如何骑自行车一样，孩子也在学习如何一步步地过完这一天，通过固定的重复，慢慢习惯将要发生的事情。

小贴士

那么，妈妈怎样才能让孩子合理把握时间不再拖延呢？

1. 固定的时间安排

每天的学习时间不固定，将会导致孩子的学习生活一团糟。因为没有完全集中精力，在学习的同时，可能还有一些分散注意力的事情在干扰他们；同时，他们不知道什么时候该停下来休息。这就需要有个固定的时间安排来加强孩子的紧迫感。

没有固定的学习时间，孩子根本无法保证自己的休息时间。在这样的状态下，他们通常不知道自己什么时候该休息，从而无法保证有充足的休息时间。一般情况下，他们觉得看书累了就休息一下，但这毫无规律可言，而且总会给孩子一种学习时间比较长的感觉，总感觉自己一天到晚都在不停地学习。在这种拖拖拉拉的状态下，孩子的学习成绩也无法得到保证。因此，妈妈应该考虑的不是孩子的总学习时间，而是有效的学习时间，或学习效果如何。

2. 把某些特定时间段作为学习时间

妈妈可以在每天早上根据当天的作业任务、课程安排确定孩子的学习时间，将某些时间段作为学习时间，同时安排好休息时间。这样孩子可以集中精力学习，在这些时间段里，学习就是唯一的事情，他可以避免任何可能的干扰，选择适合的地方，如书房，在1小时或2小时的时间里完全投入学习。

确立固定的学习时间，会让孩子更有动力提高学习效率。因为他知道这个学习时间段结束之后会有休息时间，他可以去睡觉或运动，从而更加没有杂念地投入学习。这样一来，孩子不再拖延，学习的效率自然就会提高。

3. 固定的学习时间保证了休息时间

一旦孩子的学习时间固定了，那么他的休息时间也是确定好的。两者都是提前确定好的，到了时间就做该做的事情，这样保证了学习、休息两不误，而妈妈需要做的只是根据当前的课业量确定孩子的时间分配。在这个过程中，需要保证孩子的休息时间，因为他们的生活并不完全是学习。

4. 固定的时间安排可以节省学习精力

孩子如果没有固定的日程安排，尤其是固定的休息时间、起床时间和就餐时间，那么他就需要花费精力去思考日常生活安排。例如，需要吃早餐吗？上学会不会迟到呢？我什么时候才能休息？我可以休息几小时？没有固定的时间安排，孩子需要一遍又一遍地考虑这些基本问题，不仅做事拖拖拉拉，而且把可以用在学习上的精力白白地浪费掉。而在固定的时间安排下，孩子可以有更多的精力用在学习上，学到更多东西。

帮助孩子制订长期和短期学习计划

良好的学习计划是实现学习目标的蓝图，每个孩子都应该有自己的学习目标，而这个目标的实现需要脚踏实地、有步骤、有计划地去完成。这样一来，时间和任务相结合，计划就由此诞生。孩子在学习中有了计划，就会把自己的行为置于计划之中，这样就有效改善了拖延的坏习惯。

当然，学习生活总是千变万化的，总会在某些方面影响到学习计划，总会打乱计划，这其实就是理想的计划和实际学习生活之间的矛盾。在长期的磨合之中，孩子的意志力会越来越强，他会坚持自己的学习计划，直到计划达成的那一天。

引导孩子制订有效的学习计划，有助于他们养成良好的学习习惯。孩子按照科学的学习计划行事，可以让自己的学习生活节奏分明，在学习时能安心学习，在活动时也会自觉去参加活动，这些都成为自觉的行动，时间长了，就会养成良好的学习习惯。

而且，学习计划是有约束性的，当孩子知道自己如果再多玩一小时、多聊一小时，就会让自己计划里的某项任务完不成，而这项任务会给自己整个学习带来影响，那他就会克制自己玩的欲望。

小贴士

那么，妈妈该怎样帮助孩子利用学习计划改善拖延行为呢？

1. 制订学习计划

许多孩子说自己很无奈，要看、要学的东西太多，每次面对课本都无从下手，其实造成这个现象的最大原因就是学习没有计划性。制订学习计划可以快速提升学习效率，让他们在有限的时间里最大限度地完善自己的不足之处。例如，制订日计划和周计划，将计划与课本内容相结合，每天哪个时间段看什么内容，在多长的时间内应该看完这本书，用多长的时间复习，看到什么程度之后需要做题检验等。

2. 合理安排哪个时间段该做什么事情

举个例子，有个孩子每天学2小时的数学，这对他而言是合适的学习时间。但在一次考试中，他的数学成绩出现下滑的现象，那么他应该从现在开始每天用3小时来学习数学吗？当然不是，因为孩子不可能长时间保持每天3小时学数学而不感到厌倦，孩子一旦对学习感到厌烦，学习成绩就会下降。坚持计划，就是保持过去适合他的学习时间不动摇，一次考试成绩并不能否定之前制订的学习计划，只有每天按照制订的计划坚持下去，才能达到自己的目的。

3. 短期计划和长期计划相结合

教会孩子在开始任何学习之前，都为自己制订一个周密的学习计划，短时间的，如2小时自习时间，可以分成若干个时间段，哪段时间做哪个科目；长时间的，如看课外读本计划，半个月看完一本书，每天看几页，一天中的哪个时间段适合看书，这些都需要写在学习计划里。

4. 早晚预习和检查自己的学习计划

引导孩子早晚预习和检查自己的学习计划。孩子每天早上醒来，可以先躺在床上闭着眼睛，想想这一天有哪些事情要做、哪些章节要看、哪些习题要写。把这一天的时间都计划好，再按照计划严格执行。晚上睡前再检查一下，今天的计划是不是都完成了，完成的结果是不是都满意。就这样，每一天、每一周、每个月，早晚都预习和检查自己的学习计划，才能切实地提高学习效率。

5.善于安排时间

同样是一天，不同的人会有不同的效率。例如，有的孩子善于科学地安排自己的学习时间，学习和生活井井有条，效果也很好；有的孩子却相反，整天瞎忙一团，学习和生活毫无规律可言。对此，要让孩子清楚自己一周之内需要做的事情，再制订一张日作息时间表，在表上填一下非花不可的时间，如吃饭、睡觉、上课、娱乐等。接着选定合适且固定的时间用来学习，留出足够多的时间完成老师布置的作业。

培养孩子做事有规划的习惯

每到新学期开始，老师都会要求孩子为本学期的学习拟订一个学习计划，然后按照既定的目标不断努力。其实，这样的学习计划就是规划，学习是需要规划的，每一件事情都是需要规划的，人生更是需要规划的。没有规划的人生，就像是没有线的风筝，飘飘荡荡，自己也不知道将要去哪里；没有规划的人生，就像是没有根的浮萍，漂在水面，没有最终的归宿。实际上，孩子学会规划事情，就等于锻炼了自己的自主能力，今天他或许只是做了一件有规划、很靠谱的事情，但明天他就有可能为他的人生做规划。

让孩子永远做一个有准备的人，因为成功只光顾那些有准备的人。当他开始做一件事情，就应该想到这件事带来的后果及需要准备哪些工作，从而不再拖延，立刻着手去做。当他开始了漫长学习生涯，就要为毕业那一天做准备，因为每一个学生都是要毕业的，孩子不可能在学校待一辈子。

当然，这只是一个比喻，却是一个恰当的比喻。人做任何一件事情，都要有长期的规划、计划，并围绕这个规划持之以恒地努力、学习，在事情出现变化的时候，也能顺利地调整自己，灵活应对一切，所以要想成功，就要做一个永远有准备的人。

学会做事情有规划，必要的时候，可以把自己的规划写出来。每件事情都要有先后顺序及标准，这样才会使学习与生活有条不紊。正确的规划，不仅会帮助孩子不再拖延顺利完成某件事，而且会更加彻底地做好这件事。如果孩子有很强的规划和计划能力，那么他在做事情的过程中，失误会大大地减少，成功会大大地增加。

孩子这个周末过生日，妈妈很早就问他要怎么庆祝这个生日，他兴奋地说："我要在家里开个生日宴会。"从这周一开始，孩子就不断地告诉同学们，自己要在家里开一个生日宴会，希望他们能够参加。身边的同学也很高兴，都期盼着这一天的到来。日子在孩子满心的期盼中一天天过去了，很快就到了周五。好朋友建议："生日宴会，你爸妈在家吗？干脆咱们同龄人一起过算了，有大人在，感觉挺不好意思的，也放不开，可能玩得不尽兴。"孩子听了，细想很有道理，当即说道："嗯，好的，那天让我爸妈出去玩一天，晚一点再回来。"两人一边想着一边忍不住兴奋起来。

结果一群孩子在家里疯玩了一天，却忘了煮东西吃。

许多孩子发生过类似的情况，做任何事情之前，只图一时兴起，或者一时的痛快，盲目策划，而没有做好充分的准备，没有做好规划工作。然而，这样下去，事情的发展并没有在自己的掌握之中，于是就出现一些不靠谱的事情，同时也打击了孩子的自信心。

众所周知，计划是高效利用时间的保障，因为它具有短时适用性。目标应该是长期的，计划却是短期的。当然，制订计划应该灵活机动，要能够与当时的状况相适应，假如计划制订得太死板则会使之缺乏实际操作性。

计划也不一定要写在纸上，可以在头脑中有明确的时间安排，当然，简单地拟个书面计划也是可以的，这样方便自己记住计划的每个细枝末节，但是没有必要在形式上浪费太多的时间。而且，一天的计划也不需要事无巨细都写进去，这样会影响到效率的提高。其实，制订计划也需要坚守许多原则，假如你什么都不考虑就随意制订一个计划，那它将很难施行。

> **小贴士**

就学习计划而言,妈妈应该如何让孩子做出合理的规划呢?

1. 要预留一些时间

在制订学习计划时,时间不能定得太紧,否则出现些意外就不能完成了。例如,星期一晚上8:00~10:00学习英语,10:00~10:30准备睡觉。不如改成8:00~9:30学习英语,这样假如有些学习内容到9:30没有完成,就可以延长十几分钟;假如进展得比较顺利,那就可以早休息一会儿。

2. 具备实际操作性

我们要从实际出发制订学习计划,计划要易于执行落实,具有可操作性。有的孩子制订学习计划的时候,满怀信心、满腔热情,把每天的时间都排得满满的,却往往脱离实际,结果根本行不通。写在纸上的计划是一套,做的却又是另外一套,这样计划就失去了它原有的意义。

从实际出发制订计划,就是要从自己的基础知识和基本能力出发,要从具体时间出发,看自己需要多少娱乐和锻炼时间,并结合老师的教学进度以及自己的薄弱环节安排复习、预习等学习时间。

3. 及时调整和检验

制订好学习计划之后,并不意味着大功告成,因为计划的可行性还需要时间的检验。当执行学习计划一段时间之后,妈妈应该让孩子回过头检验检验,看效果怎么样。假如发现学习计划难以付诸行动或收效不大,就需要查出原因,及时做出调整,这样才会使孩子的计划不断地得到完善。

第6章
提高时间利用率，高效的孩子做事不拖延

若想孩子改掉拖延的习惯，就要让孩子学会自控，最大限度地提高时间利用率。其实，时间是最公平的东西，一天24小时永远不会变成26小时。常常感觉时间不够用，是大多数孩子的困扰，妈妈可以想一些办法，让孩子的时间利用率大大提高。

妈妈要告诉孩子永远走在时间的前面

时间永远是公平的，它给予每个人每天同样的时间；但时间又是偏心的，它给予勤奋者的劳动果实百倍于懒惰者。莎士比亚曾说："抛弃时间的人，时间也会抛弃他。"若想孩子能够充分利用时间，就应该让孩子走在时间的前面。

那些有拖延习惯的孩子，总会在上课铃响时才匆匆走进教室。不管做什么事情，他们总会在最后一刻行动，这不仅没有跑在时间的前面，反而跑在了时间的后面。所以他们做什么事情都匆匆忙忙的，早上起床晚了，只能匆忙吃几口饭就出门；下课后就疯跑出去玩，直到上课铃响了才进教室……因为匆忙，他们总会忘记做某件事，如忘记带课本等。

时间观念是孩子学习和做事的第一要素，纵观古今中外的成功人士，每一个都惜时如金、有很强的时间观念。相反，一个人若是不懂得管理时间、利用时间和珍惜时间则不会获得成功，他只能成为一个无用、消极、懒散的人。

要有效利用时间，孩子必须走在时间的前面，不要被时间甩在后面。那些被时间甩在后面的孩子，作业写不完、功课听不懂、吃饭总拖到最后，逐渐养成拖延的坏习惯。

孩子有严重的拖延习惯，早上必须妈妈催促半小时才起床，磨磨蹭蹭到7点半才出门。每次妈妈都会大喊："再不出门，就迟到了。"孩子这才急匆匆地抓起书包飞奔而出，手里还拿着没吃完的早餐。

匆匆走到校门口，上课铃响了，孩子踏着最后一遍铃声走进教室，放下书包，拿出放得乱七八糟的东西，课桌杂乱无章，当老师说："请打开课本，翻到28页。"孩子还在抽屉里乱翻，没找到书，难道放在家里了？

晚上回到家，孩子先是找借口放松一下，打开电视看到妈妈喊吃晚饭。吃过晚饭又看电视，直到10点才拿出作业，写不到半小时就瞌睡了。怎么办？继续写吧。于是，磨磨蹭蹭到12点才睡觉，早上又起不来。

案例中的孩子总是走在时间的后面，所以做事情毫无效率，被时间拖着走，还总是完不成事情。孩子需要认识到时间的重要性，树立珍惜时间的思想意识，学会合理安排时间、利用时间，慢慢养成珍惜时间的习惯，从而具备较强的时间观念。想要最大限度地提高时间利用率，就要让孩子在学习生活中不迟到、不早退、不浪费时间，做事谨慎、不拖延，让孩子永远走在时间的前面。

小贴士

那么，怎样才能让孩子永远走在时间的前面呢？妈妈可以从以下几点引导孩子。

1. 遇到事情及早安排

如果孩子第二天有重要的事情，如郊游、比赛，在前一天就应该做好相关的事前安排，包括定好闹钟、整理好要穿的衣服和需要带的行李等，及时做好安排，免得出门时手忙脚乱。一件事情提前做好准备，可以节省时间，而且正式行动时也不会手忙脚乱。

2. 有些事情"顺便"就可以做

如果统计每天需要做的事情，那是相当繁杂的。其实，有些事情是可以顺便做的。例如，早上洗漱的时候，可以听听英语早报、记记英语单词，哪怕每天早上记5个英语单词也是很好的。利用一些零散的时间做事情，时间利用率就会相应提高。

3. 在规定时间段内完成任务

根据时间计划表,每个时间段有相应的任务,妈妈需要引导孩子严格按照规定的时间段完成任务。例如,写作业时就写作业,别做其他的事情。只有按照计划完成目标,才能避免浪费时间。

引导孩子掌握一些管理时间的技巧

一个高效的人，一定是具有时间观念，而且善于合理安排时间的人。作为父母应该深知时间管理的重要性，如分配好工作和照顾孩子的时间，这样就不会手忙脚乱。在平时的生活中，我们经常会看到：父母一再催促孩子干这干那，不过孩子却非要磨蹭到最后一秒才完成任务。于是，父母开始担心，自己明明对孩子三令五申要珍惜时间，为什么孩子还会如此磨蹭呢？

在对孩子时间管理的教育上，有经验的妈妈是这样做的：

我会先计算出他拥有的时间，然后把它分为两部分：学习时间和闲暇时间，让孩子对时间有一个清晰的概念，再列出学习时间要完成的任务和要达成的目标，然后把学习任务进行时间分配。计划表完成之后，双方签字认可。孩子基本上能够在学习时间内集中精力完成学习任务，而闲暇时间只要不违背原则，我都鼓励他自己安排喜欢的活动，如培养他阅读、绘画、听音乐等兴趣爱好，不过我在这些方面对他并没有太多的要求，只是作为他的个人才艺修养，让孩子的人生体验更丰富。

实际上，从孩子上学开始，他们对时间就慢慢有了感觉，在孩子还小的时候，妈妈就需要让孩子慢慢养成重视时间的良好意识和管理时间的良好习惯。孩子进行时间管理，实际上是自我管理的一部分，就好像成年人的自律一样，但是，在孩子还小的时候，几乎都是由父母告诉他们什么不能做、什么能做、该怎么做。随着孩子年龄的增长，了解了更多的信息之后，他们的自我意识会逐步增强，他们有了自己的想法，慢慢地不爱听父母的话。

小贴士

妈妈在对孩子时间管理的教育上方法有很多，具体说来有以下几条。

1. 培养孩子自我管理的约束力和意志力

在孩子的不同年龄阶段，需要以不同的方式发掘和锻炼孩子自我管理的约束力与意志力。

0~2岁，属于孩子的幼年时期，需要妈妈仔细观察，观察他们的生物规律，为他们建立起床、吃饭、睡觉的规则，经常对孩子说：7点钟了，宝宝该起床了。诸如此类的话，可以潜移默化地影响孩子对时间的认知。

3~6岁，孩子在这一时期逐步对外界事物有了一定的认识，妈妈需要重点培养孩子良好的生活习惯和独立性，如按时吃饭、作息、去幼儿园，学会自己穿衣服和整理玩具等。告诉孩子做事情之前需要思考，如穿衣服后还要穿袜子，所以同时拿衣服和袜子就会节省时间。

7~12岁，这时，妈妈可以对孩子进行必要的时间训练，陪孩子制订读书计划或学习表。假如发现孩子写作业拖沓，则要反省孩子的学习负担是否太重，如果孩子感到作业永远写不完，就会让孩子产生能拖则拖的厌学情绪。

13~16岁，这一时期是孩子完成从他律到自律的重要转折期，妈妈可以尝试放手让孩子自己去规划、安排时间。假如效果不理想，妈妈则可以记录一下真正的问题及盲点，如果孩子看电视或上网的时间太多，就让孩子慢慢改善；如果孩子读书效果不理想，就需要考虑让孩子改变读书方法。

2. 教会孩子认识时间

妈妈需要让孩子对时间有基本认识，了解时间过去了就不能回来，并对昨天、今天、明天等不同的时间概念有大致的了解。妈妈还可以慢慢地教孩子认识时钟，让他们对每天的时间有个大概的认识，同时还可以告诉他们每天什么时候吃饭、什么时候睡觉、什么时候起床和上学等,这样他们就会对自己每天的作息时间有初步的了解。

当你和孩子一起做游戏或玩耍的时候,可以约定不同的时长,这样可以让他们慢慢认识到一分钟可以做些什么事情,十分钟又可以做些什么事情,一小时可以做些什么事情,时间长了,孩子就会珍惜时间,并意识到失去的时间是不能回来的。

3. 让孩子有自律的意识

当孩子对时间有一定的认识之后,妈妈就可以慢慢培养孩子的自律意识。在日常生活中,妈妈可以和孩子约定做一些事情,如玩游戏,可以约定从什么时间开始,玩到什么时间结束。在约定时间的过程中,可以让孩子自己当裁判,亲自下令开始和结束。如看电视的时候,可以让孩子决定看多长时间,自己监督自己,假如超过时间则由妈妈出面干预。

4. 让孩子做时间的主人

孩子总喜欢拖拉、磨蹭,这是让许多妈妈头疼的问题。实际上,孩子喜欢拖拉的一个重要原因是缺乏时间观念和自律意识。当孩子开始做一件事情的时候,不但要让孩子认真做,而且要让孩子自己预估完成时间。让孩子知道时间都是自己的,当认真完成事情以后,剩下的时间就可以自由支配,可另行安排。孩子一旦成为时间的主人,就会提高做事的效率,慢慢改掉做事拖拉的习惯。

5. 培养孩子的时间管理能力

妈妈需要让孩子知道,事情有轻重缓急,要先做重要的事情,而且要学会合理安排自己的时间。有作业的时候,作业比玩耍更重要,时间安排就是回家先写作业,完成以后再玩。孩子稍微大一些,妈妈可以教孩子制作时间清单,合理安排自己每天的时间,教孩子制订计划,如周末怎么安排,每个月想要完成的事情等。

孩子有不守时的坏习惯，妈妈必须及时纠正

孩子年纪尚小，身心没有发育成熟，往往缺乏一定的自控力，时间观念不强，做事总是杂乱无章，不能守时。孩子一旦养成不守时的习惯，长大后会依然如此。而不遵守时间的人很容易给别人留下不好的印象，所以妈妈要及时帮助孩子纠正不守时的坏习惯。

早上，孩子又因为起床晚而迟到了，在校门口，她央求妈妈："妈妈，你跟我一起进去吧，好不好？"妈妈叹口气，孩子又希望妈妈能够帮忙撒谎，每次她迟到了都拖着妈妈一起去跟老师解释，有了妈妈的说辞，老师也不好批评她。妈妈觉得不能再这样惯着孩子，于是点点头，跟着孩子一起走到教室门口，对老师说："孩子今天早上起床晚了，迟到了。"孩子惊讶地看着妈妈，妈妈继续说："这孩子老是磨蹭，这习惯得改改了，明天再迟到我就不陪她进来了。"老师笑着说："这可不行，都是大孩子了，得养成遵守时间的好习惯。"

听到妈妈和老师一唱一和，孩子不好意思地低下头，之后再也没有迟到过。

哪怕是对年纪很小的孩子，也需要培养他们的时间观念。在孩子的生活环境中渗透遵守时间的重要性，这不仅能让孩子学会守时，还能让孩子懂得如何管理、分配时间。其实，刚出生的孩子也有时间观念，新生儿满月后就可以分清白天和黑夜。在教育孩子的过程中，最重要的就是培养他良好的生活

习惯。

强强放学后有跟同学一起打篮球的习惯，总会在学校玩到很晚，每天回到家，家里其他人都吃过晚饭了，妈妈只能把饭菜重新热一遍。

为了让孩子养成守时的习惯，妈妈郑重地对强强说："孩子，你放学后要早点回来。家里人都在等着你吃饭，如果你迟迟不回来，我们会担心。所以请养成守时的习惯，放学了适当运动后就回家，别让我们等太久，知道吗？"

妈妈应该把守时的观念灌输到孩子脑海中，让他们利用好每一分钟。在生活中，让孩子按时起床、按时上学，渐渐地让孩子养成守时的好习惯，毕竟，守时是与他人交往中的一种礼貌和信用。妈妈要纠正孩子不守时的坏习惯，让孩子了解不守时的坏处，即不仅会耽误自己学习，而且还会影响其他人。

小贴士

那么，妈妈应该怎样培养孩子守时的习惯呢？

1. 家里必备钟表

对孩子来说，给他创造一个有时间观念的环境很重要。妈妈可以在家中的显著位置挂一个钟表，旁边贴上相应的计划表，让孩子从小意识到时间的重要性。这样可以帮助孩子知道自己做某件事花了多少时间，哪些事情花的时间长，哪些事情花的时间短。

2. 让孩子参与时间管理

针对孩子的生活制订日程表，让孩子参与其中，让他们明白自己每天生活的日程，什么时间段做什么事情，逐渐在心中形成时间观念。时间长了，孩子就能预估每件事花多少时间，并初步有了时间观念。其实很多时候，孩子迟到就是因为不会预估时间。学会预估时间，是孩子以后合理规划日程的基础。时间管理的教育应该从让孩子感受时间开始，只有孩子对时间有了感觉，才能去管理它。

3. 让孩子知道守时的重要性

孩子之所以不守时，是因为他们并不知道守时的重要性。孩子不守时，妈妈不能每次都原谅，要让孩子懂得珍惜时间。一旦孩子养成不守时的坏习惯，未来可能错过的不仅仅是时间，还有更多宝贵的东西。

4. 给孩子讲清楚不守时的后果

很多时候，孩子在做事情时目标不明确，他们的注意力很容易转移。随着自我意识的形成，他们更乐意去做自己感兴趣的事情。例如，孩子玩耍的时候可能没有时间观念，玩起来就没完没了，妈妈可以告诉孩子如果没有时间观念，就可能会遇到一些问题，给孩子列出可能产生的后果，再让孩子自己决定是继续玩还是回家。这样不仅让孩子养成一定的时间观念，还培养了孩子的自主意识。

5. 别纵容孩子找借口

如果妈妈帮孩子找借口，就等于纵容孩子不守时的坏习惯，妈妈一定要杜绝这样的情况发生。反之，妈妈要鼓励孩子自己面对不守时带来的后果，一旦他因为不守时而遭受批评，他就会牢牢记住教训，以后再也不敢迟到。

6. 给孩子建立合理的生活作息制度

可能让孩子说"半小时有多长"，他们并不能说清楚，但如果说洗澡需要半小时，就很容易让孩子理解。孩子的时间观念需要一个标志性的事件来衡量，妈妈需要为孩子建立一个相对稳定的生活作息制度。你可通过和孩子一起建立一套合理的生活作息制度，帮孩子树立时间观念。

7. 让孩子享受守时的快乐

当然，良好的时间管理并非将所有事情做完，而是更加有效地利用时间。妈妈要让孩子学会时间管理、遵守时间，懂得守时的重要性。时间长了，孩子慢慢就学会了抓紧时间、集中注意力完成必须完成的事情。

化整为零，引导孩子抓住零散时间学习

孩子利用零散时间学习，对于改善拖延的坏习惯的重要性不容忽视。零散时间，如课余时间、等待的时间或是短暂的空闲，看似微不足道，但若能善加利用，积少成多，便能发挥出巨大的学习效益。

利用好课余时间完成学习任务能够培养孩子的时间管理意识。孩子会意识到这些看似零散的时间片段，其实是他们提升自我、实现目标的重要资源。通过规划和管理这些时间，孩子能够逐渐建立起高效的时间利用习惯，减少拖延现象的发生。

另外，利用课余时间完成学习任务还能帮助孩子建立良好的学习习惯。孩子会逐渐认识到，及时完成学习任务是一种对自己负责、对学业负责的表现。这种习惯一旦形成，将对孩子未来的学习和生活产生深远的影响，使他们能够更加高效地应对各种挑战。

小贴士

那么，妈妈应该怎样引导孩子抓住零散时间学习呢？

1. 多阅读

在课余时间孩子可以多阅读课外书，而阅读也有一定的方法，即速读和精读。阅读前先看目录、图表及插图，有了大致的了解后再阅读正文就可以学到更多的知识。积极的阅读者应不断地提问，直到弄懂字里行间的全部信息为

止，尤其是弄懂知识的起点和终点，梳理好知识要点。还可以利用时间广泛涉猎其他领域的知识。

2. 调整好心态

在课余时间，孩子要积极调整心态，遇到问题可以找老师或同学，或者自我反思，进行自我调节，摒弃压力，自觉地放下思想包袱，化压力为动力。在课后经常给予自己积极的心理暗示，增强自信，就能够在接下来的时间里继续努力，避免拖延。一旦在学习中遇到挫折，心情变得烦躁的时候，就暂停学习，一个人安静地思考，进行心态的调整。

3. 写日记

在课余时间，让孩子养成写日记的习惯。写日记可以有意识地提高孩子的文采，不必追求篇幅，长篇大论也好，三言两语也好，让写下孩子认为值得记住的东西就可以。除此之外，也可以总结一天的收获或发泄一下心情，在压力非常大的升学阶段，写日记还可以减轻压力。

4. 与同学互帮互助

在课余时间，告诉孩子要与同学友好相处，遇事不斤斤计较，要宽容豁达。珍惜同学之间的友谊，在学习中与同学互相支持和帮助，课后可以一起讨论学习中的问题，使用不同的解题方法并相互交流心得。有了这样和谐的同学关系，孩子也可以全身心地投入学习中，从而使自己保持较高的学习效率。

第7章
激发兴趣,孩子有执行意愿才能抵抗拖延

孩子之所以做事拖延,是因为他们对所做的事情缺乏兴趣,所以孩子在玩耍时从来不磨蹭,但一涉及学习就拖延了。兴趣是拖延的天敌,妈妈要善于发现孩子的爱好和优势,鼓励孩子做他们喜欢的事情,因为有执行意愿的孩子从来不拖拉。

瓦拉赫效应，挖掘出孩子的特殊潜能

挖掘孩子的潜能对于改掉孩子拖延的坏习惯具有重要的作用。当孩子在某个领域展现出天赋或兴趣时，通过适当的引导和支持，他们可以逐渐建立起对该领域的自信。这种自信会促使他们更加主动地面对任务和挑战，减少拖延行为的发生。

当孩子意识到自己在某个领域具有潜力和发展空间时，他们会更加愿意投入时间和精力去学习和提升。这种内在动机可以促使孩子自觉地制订计划、安排时间，并努力克服拖延的习惯。在潜能开发的过程中，孩子需要学会制订目标、规划时间、合理安排学习和活动。这些技能的培养有助于他们更好地管理自己的时间和任务，减少拖延行为的发生。

瓦拉赫效应告诉我们，每个孩子的智能发展都是不均衡的，他们都有自己的智能强点和弱点。一旦孩子找到了自己智能的最佳点，就有可能取得惊人的成绩。因此，父母应该给予孩子足够的支持和鼓励，让他们在尝试和探索中找到自己的发展方向。

小贴士

那么，妈妈怎样才能挖掘出孩子的潜能呢？

1. 正确认识孩子

妈妈需要正确认识孩子，了解其优势潜能。例如，孩子总是坐不住，好像患上"多动症"。妈妈面对这样的情况不应该马上训斥,而是让孩子有活动的机会,如每天给孩子充足的运动时间,去跑步或打羽毛球等,让孩子的天性尽情释放。

2. 发现孩子的天赋并及时培养

妈妈要善于发现孩子的天赋,并及早开发。例如,孩子对音乐比较敏感,那就可以及早开发,让孩子在艺术这条道路上越走越好。妈妈要注重孩子后天的启发,要先了解孩子的天生特质,这样启发与辅导才会更有效果。

3. 因材施教

了解孩子的天赋之后,还需要对孩子因材施教。孩子在哪方面有天赋,就注重哪方面的教育,把孩子培养成某个行业出类拔萃的人。妈妈在这个过程中充当的是引路人的角色,帮助孩子挖掘潜能,激励孩子朝着潜在的优势方向前进和进步。每个孩子都有成为千里马的潜能,而妈妈就是孩子的伯乐。

妈妈绝不能否定孩子的梦想

正确培养孩子的兴趣爱好有助于孩子改变拖延习惯，但现实生活中父母往往把自己未能完成的梦想或目标投射到孩子身上，逼迫孩子学习他不喜欢的东西，结果只会适得其反。很多父母喜欢为孩子设计梦想，甚至擅自做主在孩子身上刻上自己梦想的痕迹。

当孩子迈进幼儿园，父母就开始为孩子规划一步步的成长历程，想好了孩子以后要读什么专业，成为一个什么样的人。这时候，父母不顾孩子的兴趣与想法，强行要求孩子沿着自己设计的轨道发展，如果孩子违背了自己的意愿，就对孩子大声责骂，否定孩子取得的成绩。

孩子小学三年级的时候，妈妈在同事那里听说，孩子如果作为特长生上中学，会有加分。妈妈想起了孩子的绘画才能，于是兴奋地跑回家和孩子说了大半天，可是孩子却反应平平。妈妈又擅自给孩子报了绘画培训班，并把这一消息通知给孩子，孩子很生气："妈妈，我还没有说要去学习绘画呢，我长大之后不想当画家，再说现在功课这么紧张。"妈妈不以为然："妈妈也是为你好，这样你上重点中学就有把握了，妈妈已经把学费交了，我的小乖乖，你就去学吧。"孩子在妈妈的强烈催促下，无奈去上了绘画培训班。可是，孩子后来的绘画非但没有取得进步，反而退步了，学习上耽误得太多，成绩也下降了。

孩子到了一定的年纪，自我意识越来越完善，会有自己的想法和梦想。

在他那小小的心里，甚至想好了自己将来要成为一个什么样的人。这时候，妈妈要尊重孩子的梦想，积极引导孩子，呵护孩子的梦想，不要打击，也不要否定，而是给予全力的支持。

小贴士

孩子做自己不喜欢的事，当然会想要拖延。作为孩子的领航者，妈妈不应否定孩子的梦想，而应给孩子的梦想装上翅膀，给孩子一个广阔的天地，让梦想翱翔于蓝天。

1. 尊重孩子的梦想

妈妈在培养孩子某些方面的能力时，必须先征求孩子的意见，尊重孩子的梦想。这时候，妈妈可以依据孩子平时的兴趣理解孩子的梦想，明白孩子真正需要的是什么。就算是孩子的梦想与你设计的有一些偏差甚至严重脱节，妈妈也要冷静地与孩子沟通，以孩子的梦想与选择为主，在尊重孩子梦想的基础上，向孩子表露自己的想法，让孩子充分理解你的想法，但是最终的选择权还是要交给孩子，千万不能擅自改变孩子的梦想。

2. 不要把自己的梦想强加给孩子

有的妈妈自己是医生，认为医生就是最伟大的职业，于是在对孩子的教育中，就不断地把自己的梦想强加在孩子身上，希望孩子能成为一名医生；有的妈妈则相反，她们受够了本职业带给自己的痛苦，于是不断地向孩子灌输这个职业不好，让孩子一开始就对这个职业充满反感。实际上，每个孩子都有自己的梦想，妈妈可以进行积极的引导，但切忌越俎代庖，把自己的梦想强加在孩子的身上。

3. 呵护孩子的梦想

对于孩子的梦想，妈妈觉得比较合理，就要给予大力的支持，但这并不是简单地点头，也不是马上就要求孩子付诸实际行动。妈妈要帮助孩子实现梦想，也需要考虑到孩子的接受能力。孩子实现梦想是一个循序渐进的过程，在孩子萌发梦想之初，妈妈要精心呵护，不要不理睬孩子的梦想，也不要企图拔苗助长。妈妈要以理解宽容的态度对待孩子的梦想，这样才能使孩子树立稳固的梦想。

如果孩子的梦想有些不切实际，甚至显得很荒唐，妈妈也要耐心地引导孩子，与孩子进行有效的沟通。对于孩子的想法，合理的就要给予支持，不合理的也要先给予肯定，再引导孩子重新设计自己的梦想。

4. 引导孩子把梦想作为前进的目标

孩子的梦想一旦确立，妈妈就可以顺势引导，以梦想激励孩子，鼓励孩子采取一定的行动实现梦想。妈妈可以在孩子追求梦想的过程中不断地进行鼓励及给予适当的奖励，让孩子充满自信，大胆地去追逐梦想。"谁在保持着梦想，谁就梦想成真；谁在不懈地追寻理想，谁就能不断地实现理想。"妈妈在教育孩子的过程中，需要注重寻找孩子的梦想，编织孩子的梦想，以此引导孩子健康地成长。

妈妈要找到孩子的兴趣点

每一个孩子都有强烈的好奇心,面对感兴趣的事物,他总是充满行动力。妈妈应该寻找出孩子的兴趣点,帮助孩子挖掘出巨大的潜能。有的妈妈要求孩子练钢琴、学画画、背唐诗,不管孩子是否喜欢,只是一味地强迫孩子完成练习。其实,这样会无形之中扼杀了孩子的兴趣爱好,压制了孩子的天性,会使孩子产生逆反情绪,不但会导致孩子拖拖拉拉,养成拖延的习惯,还会扼杀孩子真正的兴趣爱好。

一天早上,孩子突然来了灵感,即兴作了一首关于春天的诗,妈妈赶忙起床帮他记录了下来,又用彩色打印机打印出来。后来,孩子还给同学朗诵了他的诗作。每次妈妈带着孩子去公园回来,都会让他写100字的游记,写下游览中的所见所闻及感受。爸爸买了几条金鱼放在家里养,妈妈也让孩子观察金鱼的成长情况,写一些关于金鱼的观察日记。后来,孩子代表班级参加了鲁迅杯作文竞赛并进入复赛,被老师亲切地称为"小作家"。

孩子对科学也有很大的兴趣,日全食的时候,妈妈事前就带着他上网查询了有关日全食的各种信息和图片,并让他观看了日全食的全过程;"神舟十七号"发射期间,妈妈也陪着孩子看了发射全过程,之后还随时关心"神舟十七号"的进展情况;奥运会期间,孩子在爸爸的介绍下,了解了各种运动项目,并认识了很多运动员。对于孩子感兴趣的东西,妈妈和爸爸总是尽量地提供支持与帮助。

兴趣对孩子来说，是一种重要的非智力因素，对今后一生的发展都有决定性作用。孩子有了强烈的兴趣和求知欲就会努力学习，积极主动探索，进而爆发出前所未有的潜能。正所谓"兴趣才是最好的老师"，如果孩子根本没有任何兴趣，你强行让孩子学习也不会有效果。许多人的成才经历都说明了这一点。牛顿小时候对机械很感兴趣，喜欢拆钟表、风车，正是由于强烈的兴趣，他成功地发现了力学三大定律和万有引力定律。因此，对父母来说，培养孩子的兴趣十分重要，而且有利于孩子的学习。

小贴士

那么，妈妈如何帮助孩子寻找并发展兴趣点呢？

1. 善于捕捉孩子的兴趣

妈妈要善于捕捉孩子的兴趣，多对自己的孩子进行仔细观察，一旦发现孩子的兴趣就要正确引导。若孩子性格有些内向，妈妈需要主动与孩子交谈，明白他感兴趣的是什么，寻找其兴趣点；有的孩子兴趣比较强烈，经常不顾场合就表现出来，这时候妈妈也要循循善诱，不要采取压制的方式，而是把那强烈的兴趣发展成为爱好特长，使孩子在擅长的方面有所成就。

2. 使兴趣成为孩子的特长

每个孩子都有感兴趣的东西，这时候妈妈要加以正确引导，使之发展成爱好。但是，孩子感兴趣的东西不是固定的，具有多变性，可能他今天喜欢画画，明天喜欢唱歌，后天又喜欢上弹钢琴了。有的妈妈面对这样的情况就没有办法了，认为孩子不能成才。其实并不是这样，妈妈应该耐心等待，帮助孩子确定一个较为稳定的兴趣，并在这一兴趣上面多花一些工夫，充分创造条件，加以鼓励，使兴趣成为孩子的特长。当孩子觉得厌烦而想放弃的时候，妈妈也要鼓励孩子战胜困难。

3. 以孩子的意愿为主

妈妈对孩子的兴趣只能加以引导，而不能凭着自己的意愿强行决定。如果你违背了孩子的意愿，强迫孩子做他并不感兴趣的事情，也不会取得很好的效果。当孩子对某一事物的兴趣过于强烈，以至影响了学习，这时候妈妈要帮助孩子分清主次，给孩子讲清楚，只有学好功课，才能对兴趣爱好进行深入研究，使孩子把兴趣和学习结合起来，共同发展。

妈妈要从小保护孩子的好奇心

好奇心对于孩子改掉拖延的坏习惯具有重要的作用。当孩子对某件事情产生好奇时，他们会主动想要去了解、尝试和探索。这种内在的动力会促使孩子更加积极地面对任务，减少拖延的行为。他们会想要尽快开始行动，以满足自己的好奇心和求知欲。当孩子在好奇心的驱使下投入某个任务中时，他们会更加专注和耐心。他们会持续努力，直到找到答案或完成任务。这种专注力和持久性的培养，有助于孩子克服拖延的习惯，坚持完成任务。

爷爷来了，在家住了好些天。早上，爷爷和爸爸戴着眼镜看报纸，睡眼惺忪的孩子坐在沙发上观察他们。过了一会儿，妈妈端来了早餐，爷爷和爸爸都放下报纸，爷爷拉着孩子一起吃早餐。孩子看着放在桌上的两副眼镜，心里痒痒的，想知道它们有什么不同。孩子匆匆吃了两口，就溜下了桌子，拿着两副眼镜在沙发上摆弄起来。孩子拿着眼镜放在眼前看来看去，他先戴上爷爷那副眼镜，感觉眼睛发胀，看地上都是凹凸不平的，他赶忙摘了下来，看地面还是平的。他又戴上爸爸的眼镜，感觉眼睛有点疼，看旁边的东西好像没有变化，不过看远处看得比较清楚些。后来，他尝试把两副眼镜叠在一起观察，当他一手拿着爷爷的老花眼镜，一手拿着爸爸的近视眼镜，一前一后放在眼睛前面观察时，他发现远处大楼上面的一只鸽子出现在自己的眼前。这一发现让孩子很吃惊，他一个人在客厅大叫起来："爸爸，你快来看呀，我看到了那幢大楼上的鸽子！"喊叫声引来了爸爸、妈妈、爷爷，大家都不约而同地称赞孩子的这一大发现。孩子在妈妈的引导和帮助下，逐步了解了望远镜的原理，并亲自动手制作了一架简易望远镜。

案例中的孩子并不是天生聪明，而是在妈妈的引导和帮助下开发了大脑的潜能，显露出异常聪慧的一面。这实际上就是父母素质教育的功劳，在日常生活中有意识地保护孩子的好奇心，让孩子不断地追寻新奇的知识，不断在玩中学到知识。妈妈要想孩子的大脑潜能得到充分的开发，更有行动力最重要的一点就是让孩子保持强烈的好奇心。

小贴士

那么，妈妈应该如何保护孩子的好奇心呢？

1. 让孩子保持强烈的好奇心

同龄的孩子，他们所掌握的知识面大有不同，有的孩子对一些简单的事物都难以理解，但有的孩子却了解到更深一层的知识，究其原因就在于孩子的好奇心。每个孩子都是有好奇心的，但有的孩子在还没有搞懂之前就把问题忘记了，这样就使孩子失去了开阔知识面的好机会。因此，要想孩子拥有广博的知识，要想激发孩子大脑的潜能，妈妈首先应该让孩子保持强烈的好奇心。

当遇到不懂的问题，或看到不理解的现象时，孩子心里出现像案例中的孩子那样"心痒痒"的感觉，就说明他具备了强烈的好奇心。如果孩子的好奇心达到强烈的程度，就会在问题没有得到解答之前，吃不下饭，睡不着觉，一直到弄清问题为止。因此，要培养孩子的好奇心，让孩子永远保持一颗好奇心，就要有意识地引导孩子对新事物产生浓厚的兴趣，在这一过程中，妈妈切忌打击孩子的积极性。

2. 耐心聆听孩子的问题

即使孩子已经掌握了一定的知识，但他们仍然会有许多问题，"妈妈，为什么太阳落下去天就黑了？""为什么飞机能飞翔？"几乎每位妈妈都会遇到孩子问这样的问题。这些在你看来很平常的事物,在孩子看来却充满了神秘,他们非常好奇,渴望得到答案。好奇心是孩子保持探索和求知的内在动力,妈妈应该予以保护,尤其要耐心地倾听孩子的问题。

有的妈妈在面对孩子这样幼稚的问题时会表现得很不耐烦,或者随便敷衍一下。其实,这时候孩子的自我意识已经开始萌芽,他们也有自尊心,能感受到妈妈这种不耐烦的态度,这会使孩子的自尊心受到伤害,下次再遇到不明白的问题就不会再问你了。在这样的情况下,大多数孩子的好奇心会被你不耐烦的态度无情地扼杀。因此,无论孩子问的问题有多幼稚,你都要耐心倾听,以认真的态度对待孩子的提问。

3. 有意识地引导孩子的好奇心

妈妈在保护孩子好奇心时采用的方法不同也会导致不同的结果。有的妈妈直接告诉孩子正确答案,以为这样就满足了孩子的好奇心理,但其实这样直接获得的答案孩子很快就会忘记,而且他们在这种过程中逐渐失去了好奇心带来的乐趣。若妈妈不直接告诉孩子答案,而是积极引导孩子,让孩子通过探索获得答案,只是在此过程中给予适当的帮助,这样不但能保持孩子的好奇心,还能引导孩子积极地思考。

4. 与孩子共同体验"探索"的快乐

有的妈妈总是抱怨,孩子特别能"搞破坏",常常把家里的东西拆了。其实,这是孩子因为好奇心对事物进行的探索过程,妈妈应该正确地引导孩子,让孩子明白他的好奇心带来的影响。可以鼓励孩子将破坏的东西拼装起来,还可以和孩子一起研究事物的结构,引导孩子积极思考。这样既满足了孩子的好奇心,又让他在快乐探索中获得学习的乐趣。

第8章
培养专注力，注意力集中的孩子学习效率高

说起孩子的拖延，许多妈妈曾陪伴孩子写作业到凌晨，其实孩子拖延一部分原因是专注力不够。专注力是良好学习习惯的基础，只有集中注意力，孩子才能不受外界打扰，专心做一件事，效率自然就提高了。

注意力不集中的孩子，容易行为拖延

"注意力"是指人的心理活动指向和集中于某种事物的能力。当孩子在面对自己感兴趣的事情时，如听故事、看电视，常常会聚精会神，对身边的人和事都听而不闻、视而不见，这就是注意力。

注意力对孩子而言有诸多影响，当孩子能够把注意力集中在某件事情上的时候，他们就会主动去探索未知的东西，寻求解决问题的办法，继而提高学习能力；注意力可以帮助孩子克服散漫的习惯，能够沉着冷静地处理问题，形成稳定的心理素质；孩子注意力集中，就能够深入地思考问题。注意力集中的孩子能够专心做自己的事情，也容易获得成功，增强自己的自信心。

培养孩子的注意力，对孩子的脑力劳动具有重要的意义。那些注意力集中的孩子，学习效率高；相反，那些注意力不够集中的孩子则作业马虎，做事情拖拖拉拉。对低年级的孩子而言，学习知识并不是最重要的，重要的是养成良好的学习习惯，而稳定持久的注意力则是其中不可缺少的一方面。

小贴士

那么，妈妈应该怎样培养孩子的注意力呢？

1. 营造安静的家庭环境

要想让孩子集中注意力学习，父母应该自己先安静下来，不要做分散孩子注意力的事情，如看电视时大声议论或大笑，要以自身行动让孩子效仿。孩子在学习的时候，父母不要在旁边唠叨，也不要在孩子学习的房间里接待客人，这样会干扰孩子。家里时刻保持安静，可以让孩子少受外界的干扰，更好地保持注意力。家里的东西要摆放整齐，孩子的用品和玩具要放在固定的位置。

2. 有规律的作息时间

孩子作息不定时、生活无规律，也是孩子注意力分散的主要原因之一。妈妈不应该整天强行要求孩子长时间从事单调枯燥的学习活动，这样必然会造成孩子大脑疲劳而精神分散。妈妈应该合理制订孩子的作息时间，简单有规律的家庭生活节奏有利于培养孩子的注意力。睡觉、玩耍、学习的时间都应该安排得较为固定，帮助孩子建立规律的生活习惯。

3. 以兴趣培养孩子的注意力

孩子对某些事物的兴趣越浓厚，就越容易形成稳定的注意力。妈妈不要天天把孩子关在房间里学习，鼓励孩子多参加感兴趣的活动，让孩子在活动中发掘和发展自己的能力，并借此机会培养孩子的注意力。但是，如果孩子一会儿喜欢做这个，一会儿喜欢做那个，则需要妈妈引导孩子专注于一件感兴趣的事情。

4. 培养孩子的自我控制能力

孩子在学习中遇到困难，或者遇到不感兴趣的事情，就容易分散注意力，需要妈妈有意识地培养孩子的自我控制能力，使注意力服从于活动的目的和任务。妈妈可以让孩子在一段时间内专心做一件事，如绘画、练书法等，以此培养孩子的自我控制能力。

5. 帮助孩子调整情绪

孩子在悲伤、疲惫或者生病，身心状态都不佳的时候，是很难集中注意力的。此时，妈妈要帮助孩子调整情绪，给予孩子关怀，而不是盲目地强迫孩子专心做事。孩子心情愉快，就更容易专心致志地做事情。

孩子耐力的培养不是一蹴而就的

孩子缺乏耐力主要表现在做事缺乏计划，想什么时候去做就什么时候去做，想什么时候放弃就什么时候放弃；做事情经常做到一半就放弃，不知道为什么要坚持下去，也不知道怎么坚持下去。在这种情况下，孩子就会出现做事拖拖拉拉的表现。妈妈作为孩子的领航者，需要引导孩子认识耐力的重要性，并积极地培养孩子的耐力。

当然，这是一个循序渐进的过程，也需要妈妈拿出自己的耐力。耐力对孩子的成长很重要，是成功必备的条件之一，妈妈要想孩子在未来的人生中取得成功，那么有意识地培养其耐力是必须的。

周末，小表哥来东东家玩，和东东比赛玩游戏，看谁玩得又快又好。虽然这是东东从小就会玩的游戏，但他却明显地表现出心不在焉。只见小表哥有条不紊地将玩具一块一块地往上搭，倒了就重来，游戏玩得越来越好。

而东东可是没有那份耐力，一会儿就不耐烦了，他随便找出一个玩具往上搭，结果玩具全倒了。东东羡慕地看着小表哥的"房间"，对着自己的一堆玩具发呆。妈妈看见了走上前去，一边帮东东重新搭起了房间，一边告诉东东："看小表哥的房间多漂亮，你也可以的，慢慢来，妈妈在旁边看着你。"在妈妈的帮助下，东东重新搭起了房间，每成功一步，妈妈和小表哥就为他欢呼。就这样，在欢呼声中，东东完成了"高楼"，成就感溢于言表。

坚持不懈地做一件事需要很大的耐力，孩子的耐力是需要培养的，尤其是很容易转移兴趣的孩子，培养他的耐力更是刻不容缓的事情。现在，许多孩子稍微遇到一点困难就选择放弃，这对于他们未来的人生是极为不利的。因此，培养孩子坚持不懈的耐力应该从小做起。

小贴士

那么，妈妈如何让自己的孩子有耐力呢？

1. 以鼓励为主

如果妈妈能够为孩子制订可行的目标，他做事自然就会更有耐力。例如，当孩子想要某样东西的时候，妈妈可以要求他先达成一定的目标，当他完成这个目标，就把某样东西作为奖品给他。当然，随着孩子年龄的增长，他想要的东西也越来越丰富，不再是小时候喜欢的棒棒糖或者玩具，这时候妈妈就要以合理的原则为孩子制订目标，让孩子自己把握努力的成果。例如，孩子想去旅游，那么妈妈就可以有意识地把这一目标当作奖品，让孩子朝着目标完成一个阶段性的任务，可以是一学期的成绩，也可以是学习某种特长。有时候，父母也可以把制订目标的自主权交给孩子，让孩子提出一些要求，只要你觉得合理就可以。

2. 在玩中锻炼耐力

爱玩是孩子们的天性，他们往往能长时间地保持玩耍的状态，这其实也是一种耐力。妈妈应该巧妙地在玩耍中锻炼孩子的耐力，让孩子把游戏当作比赛，以获得成就感来作为奖励。为了培养孩子的耐力，妈妈可以和孩子一起融入游戏中，妈妈可以在玩的过程中故意出错，让孩子找出错误在哪里，这样孩子就能集中注意力，长时间地专注于某一件事。由于专注力是耐力的基础，如果孩子的专注力提升了，那他的耐力自然就更容易提升。

3. 给孩子提供挑战的机会

许多妈妈认为孩子太小，一些事情难以长时间地坚持下去是很正常的。其实，只要你相信孩子能够做到，并给孩子一个挑战自我的机会，那么孩子就一定有耐力完成任务。妈妈可以选择一些孩子现在做不到，但本身有能力做的事情，引导他们完成，不要让孩子轻易地放弃。面对挑战，妈妈应该与孩子一起制订一个具体的目标，帮助孩子不断地尝试挑战自我，增强进取心。例如，孩子不喜欢运动，跑一会儿就停下来，这时候妈妈可以给他定下今天跑多少路程的任务，明天再加到多少，这样时间长了，孩子就有了足够的耐力。

鼓励孩子学习时独立思考

独立思考是积极主动地思考，而且具备新颖性、创新性的特点，这应该是每一个孩子必备的能力。有的妈妈不想让孩子吃苦，任何事情都包办，不鼓励孩子去独立思考，导致孩子过于依赖妈妈。这种情况下，再让孩子独立完成某项任务，孩子就会难以决断，并表现为拖拖拉拉。其实，这样的妈妈应该好好反思，长此以往，孩子就会变得优柔寡断。

妈妈要培养孩子独立思考的习惯，要提供机会让孩子自己思考，让孩子在独立思考中获取答案，并培养孩子明辨是非的能力。

孩子有一定独立思考的能力是思维发展的重要特征，一些孩子经常会说"妈妈，我不知道怎么说""妈妈，你说我该怎么办""妈妈，你去替我做吧"。这样孩子在遇到困难的时候，本能的想法就是依靠妈妈的帮助，这样他们还怎么能又快又好地完成任务呢？这时候，妈妈可以用日常生活中的具体问题，给孩子提供一个学会独立思考的机会，让孩子自己面对问题，并想出解决问题的方法。

每次考试成绩出来，孩子都向妈妈诉苦："这道题本来我选的是B，交卷子的时候，听见同学说选A，我就改成A了，结果改错了，原来我的答案才是正确的，唉，这两分丢得实在是冤啊！"有好几次考试都是这样，妈妈刚开始只是笑了笑，告诉孩子："只要是自己做出的答案，除非真检查出了错误，否则一律不改。"孩子点点头，可下次还是有这样的情况出现，这让妈妈意识到，孩子的独立思考能力有点差。

思考就像播种一样，播种越勤，收获也就越丰。一个善于独立思考的孩子一定能品尝到清甜的果实，享受到丰收的喜悦。爱因斯坦说："学会独立思考和独立判断比获得知识更重要。"他还说："不下决心培养思考习惯的人，便失去了生活的最大乐趣。"妈妈要有意识地培养孩子独立思考的习惯，慢慢引导孩子主动发现问题、思考问题，进而在思考中解决问题。如果妈妈把孩子的任何事都安排得十分妥帖周到，从来不鼓励孩子独立思考，就会渐渐地扼杀孩子的思考能力。

小贴士

妈妈可以采取以下方法培养孩子独立思考的能力。

1. 创造独立思考的环境

妈妈不能以孩子太小还需要自己的照顾为由把孩子当成自己的附属品，并且在各方面都支配孩子的言行。其实，孩子也有自己的思考模式，也有自己的世界、自己的空间。若孩子有什么特别奇怪的想法，妈妈也要允许这些想法的存在，并加以积极引导，给孩子一个独立思考的机会。妈妈可以与孩子一起逛动物园、科技馆，和孩子一起阅读故事书或者看电视，然后让孩子思考"你看到了什么""你听到了什么"，引导孩子思考事物之外的问题，并从思考中获得答案。

例如，有的妈妈会通过朗读简单的故事引导孩子思考问题，先让孩子读一篇故事，然后和孩子一起讨论，由此引导孩子联想出一连串的问题。很快，孩子就表现出远胜于同龄孩子的思考能力。这样为孩子创造出思考的氛围，帮助孩子提高独立思考的能力，孩子在以后的学习中将受益匪浅。

2. 引导孩子学会独立思考

妈妈在与孩子的相处过程中，要以商量的口气与之讨论，多留给孩子自己思考的空间，为孩子提供一个提出自己想法的机会。妈妈可以依据谈话的内容向孩子发问"你觉得这是怎么样的""如果是你，你会怎么样去做""对这件事，你是怎么想的"。这样提出一些问题，引导孩子逐步展开思考。当孩子长时间处于思考中，妈妈也不要着急，应该给予孩子足够多的思考时间，不要直接把答案告诉他们。即便孩子答错了，妈妈也不要加以责备，应该帮助他们进一步思考，引导他们发现和纠正自己的错误。

3. 给孩子独自思考的机会

孔子说过："学而不思则罔"。这是学习与思考的关系，也说明了思考对学习的重要性。好奇心是孩子的天性，他们会不断地问"为什么"，这时候需要妈妈正确引导，不要压抑孩子的好奇心，这样他们的求知欲就越来越旺，进而提高独立思考的能力。

有的妈妈抱怨自己的孩子不喜欢动脑筋，不喜欢思考，这时候父母应该问自己，在孩子的成长过程中，有没有给孩子独立思考的机会？当孩子因为好奇心提出问题的时候，妈妈不要急于把正确的答案告诉孩子，而应引导孩子积极思考，在思考中自己找出答案，从而有意识地培养孩子独立思考的能力。

妈妈要让孩子远离电子产品

现代社会各种电子产品层出不穷，渗透到生活的各个角落，计算机、手机、电视随处可见，孩子的注意力很容易被这些视觉产品吸引，从而无法集中注意力，更别说抓紧时间做好该做的事了。其实，不仅是孩子，很多成年人也成为低头族，有人甚至说，手机是现代人离不开的唯一东西。每天起床都会随手打开手机，刷刷手机可能半小时很快就过去了。成年人都成了这个样子，可以想象孩子的注意力是怎么分散的。

这些过分注重视觉效果的电子产品会影响孩子的视力，尤其是对于年纪偏小的孩子，不断变化的屏幕画面会让孩子的眼睛疲劳。有些妈妈错误地认为看电视可以培养孩子的语言表达能力，但其实孩子更需要在互动环境里培养语言表达能力。

热衷于电视、手机的孩子，会因为沉迷其中而不出家门，导致他们交际能力越来越弱。孩子一边吃薯片一边窝在沙发上玩手机，这容易让孩子变成肥胖儿童；总看电视、手机，也容易让孩子疏于运动，影响孩子运动能力的发展和身体的健康发展。

13岁的小松刚上初中，为了能更好地学习，也便于互相联系，父母为其添置了手机。平时小松只会在学习之余用手机。

不过，近段时间，小松用手机的频率比较高，晚上经常一个人躲进书房玩手机。刚开始，父母还以为小松只是在学习，也没多注意。

有一次，父亲无意间经过书房，打算看一下小松的学习情况。推开房门才发现小松根本没有在学习，而是在玩游戏。父亲十分生气："小小年纪不学好，玩什么游戏，这会让你成绩直线下降的！"小松很无辜地看着父亲说："可是班里的同学都在玩，他们天天谈论的都是游戏里的角色，我发现自己根本插不上嘴。我也是受他们影响，而且好多同学直接带手机去学校里玩，我只是晚上玩一会儿。"父亲当即打电话向老师了解情况，这才知道不仅初中生，就连小学生都陷入手机游戏的诱惑之中。面对这样的环境，父亲表示很无奈。

生活中，许多妈妈疲于应对自己的生活，当孩子哭闹的时候，就掏出手机给孩子玩，大街小巷都可以见到不到2岁的孩子拿着智能手机玩游戏。其实，孩子过早、过多地接触电子产品，对身心发展是极为不利的。

小贴士

那么，妈妈怎么做才能让孩子远离电子产品呢？

1. 限制孩子看电视和手机的时间

一般2岁以下的孩子不应该看电视和手机，2岁的孩子看电视二三十分钟就应该休息一段时间，3岁的孩子每天看电视和手机不能超过半小时。妈妈要尽可能带孩子走出家门，孩子的卧室中不要放电视和手机。可以跟孩子约定好，每天看电视不超过一小时，如果超出时间就要给予小惩罚，让孩子遵守准则。

2. 增加亲子活动

让孩子远离电视和手机的办法就是增加亲子活动时间，跟孩子一起玩玩具或做游戏、看书，或带孩子出去郊游。这些都可以让孩子享受远离电视和手机的乐趣，还会带来健康的身体与快乐的亲子关系。

3. 带孩子走出家门

妈妈可以多带孩子走出家门，去郊游，带孩子走进大自然。那些山水环境可以帮助孩子放松眼睛，有益于孩子的身心健康。

4. 吃饭、写作业时关闭电视

有些妈妈边吃饭边看电视已成为习惯，但为了让孩子养成良好的生活习惯，妈妈要做出改变，以身作则。在孩子吃饭、写作业时关闭电视，给孩子创造一个单一的、安静的环境。

5. 鼓励孩子多交朋友

孩子无聊时才会想看电视，妈妈可以为孩子准备一些集体游戏的玩具，然后鼓励孩子多交朋友。这不仅可以培养孩子的合作意识，还可以为孩子提高社交能力奠定基础。

第9章
纠正不良习惯，习惯好的孩子不做"小懒虫"

生活中，喜欢拖延的孩子大多有一些不好的习惯，如喜欢睡懒觉、喜欢找借口、作息时间混乱、书包乱糟糟等。这些不好的习惯，导致孩子更容易拖延。妈妈要有意识纠正孩子的不良习惯，用好习惯取代拖延。

第 9 章 纠正不良习惯，习惯好的孩子不做"小懒虫"

妈妈可以和孩子一起整理书包

早上10点，妈妈正在公司上班，突然接到孩子从学校打来的电话，电话里孩子慌忙地向妈妈求救："妈妈，我今天忘带数学书了，一会儿就上数学课了，你可不可以帮忙给我送过来？"听了孩子的话，妈妈有点生气，但她尽量克制自己的情绪："你怎么现在才发现呢？妈妈现在正在上班，不能专门回家为你送书吧，今天你爸爸正好在家休息，我打电话让你爸爸给你送过去。"电话那边，孩子慌张的心情平静了下来。

晚上回到家，妈妈什么都没有说，直接把孩子的书包打开，发现几天没有检查他的书包，真成了一个名副其实的"纸篓"，简直乱得不像话。孩子在旁边站着不吱声，妈妈让孩子坐下，一边把书包里的东西取出来，一边跟孩子说："你知道为什么今天会忘记带数学书吗？""因为我没有整理好书包，所以把书本落在了家里。"孩子不好意思地说。妈妈没有再说什么，这时候她已经取出所有的书本，把书包里面的垃圾、灰尘清理了一遍。她吩咐孩子把书和作业本归类，语文放在一起，数学放在一起，再按明天的课程表放进书包里。她先示范了一次，让孩子跟着整理了一次，说道："以后每天晚上睡觉前你都要整理书包，我会陪着你一起整理，你也可以整理完了给我检查，明白了吗？""嗯。"孩子点点头。

小贴士

那么，妈妈应该怎么做才能培养孩子整理书包的习惯呢？

1. 教会孩子有序地整理书包

在日常生活中，妈妈可以和孩子一起动手整理书包，在这个过程中教会孩子有序地整理书包。妈妈可以先与孩子交流看法，书本、文具之类的学习用品应该如何摆放才更合理，使用起来更方便。刚开始的时候，妈妈可以和孩子一起动手整理，教给孩子收拾书包的方法，边教边示范，妈妈这时候要有足够的耐心和细心，让孩子看到自己的成功，体验到快乐。

然后，妈妈可以鼓励孩子自己动手整理书包，妈妈则在旁边引导。这时候要以孩子的想法和做法为准，如果孩子摆放不合理，妈妈要启发孩子找到原因，不要强制性地批评和斥责，这样会打击孩子的主动性，挫伤孩子的自信心。当孩子能够独立整理书包后，妈妈要经常检查，并做出简单的总结，给孩子提出改进建议，逐渐提高孩子整理书包的标准。

2. 让孩子学会有序地生活

整理书包是一个细致活儿，包括分类、排序等因素，让孩子先学会分类，再依照第二天的课程表按顺序放进书包里面去。在这一过程中，孩子学会了有序整理东西，继而学会有序地生活。

3. 培养孩子独立生活的能力

许多妈妈反映，孩子很聪明也很可爱，可就是生活自理能力太差，连收拾书包这样简单的事情都要让妈妈做。实际上，孩子之所以自理能力差，很大程度上是妈妈大包大揽造成的。这时候，妈妈不妨和孩子一起动手整理书包，让孩子从日常家务和生活自理开始学会独立。在整理书包的过程中，妈妈要有意识地教孩子养成整理书包的习惯，甚至可以要求孩子睡前必须整理书包，这样孩子才能提高独立生活的能力，才能更好地投入学习中。

告诉孩子不懂的问题可以向老师请教

当孩子遇到不懂的问题时，应当及时向老师请教。及时向老师请教是一种积极的学习心态，表明了孩子愿意面对困难并寻找解决方案。这种心态有助于孩子逐渐认识到拖延只会让问题变得更加复杂，从而激发他们主动去解决问题，减少拖延的行为。

在学习过程中，孩子会逐步意识到及时解决问题的重要性。通过不断地向老师请教并解决问题，孩子能够逐渐形成高效学习的方法，减少因拖延而浪费的时间和精力。通过不断地解决问题，孩子会逐渐积累知识和经验，提高自己的能力水平。这种进步和成长会让孩子更加自信，相信自己有能力面对和解决各种问题。自信心的提升有助于孩子克服拖延心理，更加积极主动地面对学习和生活中的挑战。

古人曰："学贵有疑，小疑则小进，大疑则大进。"这里的"疑"其实就是"问"，是人类打开知识大门的金钥匙，所以才有孔子"入太庙，每事问"的美谈。英国哲学家培根曾说过："多问的人将多得"。爱因斯坦也说："提出一个问题往往比解决一个问题更重要，因为解决问题也许仅仅是一个教学上或实验上的技能而已。而提出新的问题、新的可能性，从新的角度去看旧的问题，都需要有创造性的想象力，而且标志着科学的真正进步"。

> 小贴士

那么，妈妈应该怎样让孩子学会提问呢？

1. 让孩子大胆提问

陶行知先生曾说过："发明千千万，起点是一问。禽兽不如人，过在不会问。智者问得巧，愚者问得笨。人力胜天工，只在每事问"。在课堂上，妈妈要让孩子要敢于提问，敢于提出自己的问题，暴露出自己的问题。只要我们是经过思考的，不论正确与否，都应该勇敢地提出问题，让老师和同学们帮助我们解决。一些不懂或不能理解的问题，也要敢于讲出来，让老师了解自己的疑问，听听老师是怎样解决这个问题的，绝对不能不懂装懂。只有在课上敢于提问，才能有效地提高课堂效率。

2. 培养孩子提问的意识

敢于提问对于开发孩子的智力、培养孩子的创新意识和实践能力都是十分重要的。在平时的生活中，妈妈要有意识地培养孩子敢于提问的意识。孩子在小时候特别爱问问题，常常是打破砂锅问到底，可随着年龄越来越大，他们提问的欲望却越来越弱，经常没有问题可问。面对这样的情况，妈妈要鼓励孩子提出问题，当他能够大胆地说出自己的看法，无论正确与否，都是值得高兴的事情。假如孩子想到提问就情绪紧张，担心自己说不清楚，那么妈妈可以鼓励孩子在课外继续提问；孩子不敢在公众场合提问，妈妈可以建议孩子在私底下问老师；假如孩子的表达不是很清楚，那可以把问题写在纸条上给老师。不管是哪种方式的提问，妈妈都要鼓励孩子战胜胆怯的自己，养成积极提问的好习惯。

第9章 纠正不良习惯，习惯好的孩子不做"小懒虫"

如何根治家里的"小懒虫"

许多父母总是抱怨孩子太"懒"，做什么事情都需要自己提醒，否则就坐在那里一动不动。其实出现这样的情况，原因是多方面的：有的孩子是没有养成主动做事的习惯，注意力和兴趣容易转移，不能长久地保持，因而不能坚持做一件事情，即便是做起事情也是"有头无尾"，或者毛毛躁躁。比如，他们在写作业的时候，总是一会儿去喝水，一会儿去洗手间，一会儿又在窗户边看风景。有的孩子则是受到周围环境的影响，注意力不集中，总是被外界的东西影响，如玩具、动画片，经常会放下手中的事情，把注意力转移到其他事情上。

这时候，如果妈妈不能正确对待，再加上孩子的模仿能力又强，则会使一些不良行为在孩子身上滋生。因此，当妈妈发现孩子做事缺乏主动性，就应该及时进行正面教育，加以鼓励，并进行引导，这样就能帮助孩子克服做事懒散的不良习惯，使孩子养成主动做事的习惯。

小贴士

那么，妈妈具体要怎么做才能帮助孩子克服懒散的不良习惯呢？

1. 言传身教

父母是孩子的第一任老师，而父母教育孩子的最好方式就是言传身教。因此，妈妈除了鼓励孩子主动做事情外，还需要以实际行动告诉孩子主动做事是一种好习惯，可以从中获得许多有益的东西。例如，当孩子做完一件事情，妈妈应给予赞赏，并把孩子的成果展示给他看，让他获得一种成就感。当你做好榜样，给孩子树立起良好的形象，孩子就会受到积极的影响，继而学会主动去做事。

2. 培养孩子主动做事的习惯

在日常生活中，大多数孩子做事毛手毛脚、虎头蛇尾，这时候妈妈应该制止孩子这种不良行为习惯的蔓延，进行正面引导，同时给予孩子一定的鼓励。当孩子在做一件事情的时候，妈妈要帮助他明确目的，对孩子做事的方法给予指导。从日常生活中的一件件小事做起，慢慢地培养孩子主动做事的习惯。

3. 提高孩子主动做事的积极性

有时候孩子做得不是很好，父母就是一顿指责，"做不好就别做了"，这样会打击孩子主动做事的积极性，以后他就不会主动做事了。妈妈应该鼓励孩子去做事，即便孩子做的事情不是那么令人满意，妈妈也应该先肯定孩子，这样可以有效地提高孩子主动做事的积极性。

4. 适当地激励孩子

孩子缺乏做事的主动性，妈妈的态度是很重要的。当孩子有了偷懒的念头，妈妈应该适当地用语言激励孩子，站在孩子的角度，用鼓励性的语言激发孩子的主动性，给孩子提出一些要求。这样孩子就会在你的鼓励下主动去做一些事情，也会明白主动做事并没有想象中那么困难。

培养良好做事习惯，让孩子不再拖延

当孩子有了好习惯，做事便不会拖延。不少教育专家指出："好习惯决定孩子的好命运。"习惯的力量是巨大的，一旦养成了一个习惯，就会不知不觉地在这个轨道上运行。如果是一个好习惯，孩子将会终身受益，而童年则是培养孩子习惯的最佳时期。

一位诺贝尔奖获得者在被记者问及成功经验时，他说："我的成功不是在哪所大学、实验室里得来的，而是从幼儿园里学来的。在幼儿园里，我认识了我的国家、民族，学会了怎样与人交流、相处，如何分享快乐，知道了饭前便后要洗手、玩完玩具要收好、对待别人要有礼貌、学会谦让、善于观察等。"由此可见好习惯所带来的巨大收益，小时候养成的良好习惯对一生都有决定性的意义。

叶圣陶先生曾经说过："什么是教育？简单一句话，就是养成习惯。好的习惯一旦养成，不但学习效率会提高，而且会使他们终身受益"。你可千万不要小看习惯，习惯一旦养成就很难改，好习惯是这样，坏习惯也是如此。孩子的习惯一旦形成，就会直接影响孩子的行为方式。

俗话说："三岁看大。"这就强调了习惯的重要性。而培养孩子良好的习惯要从日常生活的细微处着手，也就是那些容易被忽视的小事，如不爱干净、不尊重人、做事拖拉、不认真等。

> 小贴士

那么，妈妈怎样才能让孩子拥有良好的习惯呢？

1. 培养孩子良好的习惯

俗话说："习惯成自然。"习惯一旦形成，就具有一定的稳定性，不良习惯的改正就需要花很多的时间和精力。与其花费大量的时间纠正孩子的不良习惯，不如一开始就让孩子养成良好的习惯。

当然，好习惯不是一朝一夕就能养成的，必须经过长时间的训练，所以妈妈对孩子的要求应有一定的持续性，不能"三天打鱼，两天晒网。"另外，教育需要有连贯性。例如，孩子的爷爷奶奶、外公外婆比较宠爱孩子，容易助长孩子的不良习惯，妈妈对孩子的要求则比较严格些，这时候就需要统一地坚持一种教育方式。

2. 帮助孩子纠正不良习惯

虽然你十分注意孩子的生活习惯和学习习惯，但孩子还是免不了有一些坏习惯。这时候，就需要你帮助孩子纠正不良的习惯。教育孩子是一门科学，必须讲究方法，纠正孩子不良的习惯也是同样的道理。妈妈要以鼓励提醒为主，切忌打骂斥责。要进行正面引导，动之以情，晓之以理，循循善诱，在帮助孩子改掉不良习惯的同时，也要把好的习惯渗透到孩子心里，让孩子养成良好的生活习惯和学习习惯。

3. 妈妈的表率作用很重要

培养孩子良好的习惯，妈妈要从自身做起。如果妈妈本身就没有好习惯，如不爱干净、花钱大手大脚、喜欢说脏话、做事不认真等，孩子看在眼里、记在心里。时间长了，耳濡目染，就逐渐把妈妈身上的不良习惯复制到自己身上。因此，要想孩子养成好习惯，妈妈就必须做出表率。那些有着不良习惯的

第 9 章 纠正不良习惯，习惯好的孩子不做"小懒虫"

妈妈需要努力纠正，不断地完善自己，这既是教育孩子的需要，也是自己成功人生的需要。

第 10 章
采用正面教育，提升孩子的自动自发力

有拖延行为的孩子面对妈妈的要求常常充耳不闻，对即将迟到的事实视而不见，依然拖拖拉拉，这让父母非常生气。要让孩子配合时间安排，主动执行计划，就需要妈妈采取正面教育，让孩子迅速行动起来。

鼓励孩子立即去做

有人给拖延下定义为：习惯性把不愉快或成为负担的事情推迟到将来做。如果孩子是一个做事拖拉的人，那他在生活中常常会浪费时间，做一件事情需要花很多时间思考，担心这个或担心那个，或者找借口推迟行动，最后又为没有完成任务而后悔，这就是拖延者的典型特点。孩子要想利用好时间，就要拒绝做一个拖延的人，假如孩子把今天的学习任务拖到明天，就会用明天的遗憾付出代价。

小洋在老师和父母的眼里，绝对是一个听话的孩子，学习成绩也很优秀。本来他是个爱说爱笑的学生，不过最近他总是愁眉苦脸，好像心事重重，而且总说一些让自己泄气的话："唉，我怎么这么没用啊！""累死了，真不想学习了，没意思！"

班主任发现了这个问题，便把小洋叫到办公室，认真询问。小洋一副很苦恼的样子，说："我一直很爱学习，也有自己的理想和目标，这学期开始，我就制订了详细的学习计划，包括各门功课应该实现什么样的目标，在班里争取什么样的名次。为了实现这些目标，每天在什么时候、要做什么事情都做了明确的规定。而且我还分科独立制订目标，一门功课一张表。不过令我感到苦恼的是，这个计划仅仅执行了一周，第二周便不能执行了。有时我忘记了这个时间该做的事情，下面的事情也不想做了；有时候觉得累，什么也不想做，就对自己说明天再做吧，到了第二天也没做，我到底应该怎么办呢？"班主任点点头，说："别着急，老师帮你分析分析。"

如果你是老师，你会怎么分析呢？小洋的计划是制订好了，不过执行了一周就出毛病了：今天踢了半天足球很累，休息一天，明天晚上再学习；到了第二天晚上又有篮球赛，算了，明天晚上吧。结果不知道过了几个"明天晚上"，学习计划还是一点也没执行。每个学生的大脑里可能都藏着一个或多个早就应该付诸行动的想法，或许是写一篇文章，或许是早起锻炼身体，或是成绩提高10分。每一个学生都想追求完美，都希望不断改进自我，但是像小洋这样的学生也是不少的。

许多学生有把今天的事情拖到明天去办的习惯，而且要千方百计地寻找借口安慰自己。但是，要想有时间，就必须抓住每一分、每一秒，不虚度每一天。那些总是向往明天、等待明天而放弃今天的人，就等于失去了明天，结果永远一事无成。放弃时间的人，时间也会放弃他，没有一种不幸可以与失去时间相比，我们应该避免这种不幸。

小贴士

孩子有了计划，妈妈应该怎样让孩子更好地执行呢？

1. 留出机动时间

计划太完善了并不是一件好事，因为假如孩子的计划过于完善，内容、时间都规定得很具体，一环扣一环，那么一个环节出现了问题，则之后所有的行动就全部实现不了。因此，在制订计划的时候，一定要留有余地，有足够多的机动时间。

2. 符合自身实际情况

造成计划实行不了的另外一个原因，就是制订计划时没有结合自己的实际情况。有时没有考虑到自己的能力，有时没有考虑到环境的需求。如小洋的计划就存在这样的问题，他把目标设得太高，而根本不考虑每天娱乐的时间和安排。

3. 拒绝懒惰

有时候孩子拖延是因为太懒惰了，根本不在乎能否实现目标，只享受现在，一直到"老大徒伤悲"时，才会感叹自己"少壮不努力"。

4. 要立即行动

有时候孩子做事情太过犹豫不决，迟迟不见行动，一再拖延。他们看着制订好的学习计划，总是对自己说："等一等，等我准备好了就一定开始。"不过，准备又准备，从未就绪。正所谓"时不我待"，只要他失去了马上付诸行动的机会，那就没办法成功。

5. 不要总是寻找借口

有时候孩子为了一时的快乐而放弃已经确定的目标，他们常常为自己耽误时间而后悔，却又不能及时地约束自己，到最后是一事无成。而且总是找借口安慰自己，如"这种方法不错，可不适合我""我已经很多次发誓早起了，可就是做不到，看来我天性不适合早起""我一看书就困，试过很多次了，看来我与别人不同，不适合晚上看书"。这些借口看似合理，实际上都是自欺欺人。拒绝任何借口其实很简单，那就是马上采取行动，任何借口都是多余的，成功之计在于马上行动。

孩子有拖延习惯，妈妈要正确看待

大多数父母都面临一个很烦恼的问题，那就是孩子做事拖拖拉拉，一件事要说很多遍孩子才会去做，或者说好几遍还是无动于衷。孩子做事拖拉的原因是什么呢？

心理学家认为，现代父母溺爱孩子，不管孩子做什么事情都有父母帮忙。尽管父母心疼孩子，总是希望给孩子最宽松的环境，让孩子没有压力地生活。但在父母全权操办的情况下，孩子会越来越依赖父母，在遇到事情的时候，第一时间想到的也是让父母去做，假如非要自己解决，他们就会采用拖延的方式。

林妈妈很是苦恼："我简直受不了我的女儿！干什么事情都是磨磨蹭蹭的，原本半小时就能写完的作业，她磨蹭2小时都写不完，我在旁边看着，真是要抓狂了！"

林妈妈9岁的女儿每天放学回家后，并没有疯跑出去玩，而是乖乖地坐在学习桌前，掏出作业本，摆出一副学习的架势。不过没写几个字，就跑去喝水，刚坐下又叫着要吃东西，一会儿又开始摆弄橡皮，忙活了半天，作业却没写完。

刚开始林妈妈还会耐心纠正，后来一着急，就开始训斥女儿。女儿依旧写作业拖拉，林妈妈无奈，带着孩子找心理医生咨询。

有的孩子拖拉并不是故意的，而是不熟悉要做的事情，他们害怕未知的事物，所以试图通过拖延的方式逃避，像写作业、穿衣服、起床等，都容易让孩子产生抗拒心理。而且，孩子毕竟是孩子，不会像成年人一样有很强的时间观念。他们在乎的是可以多玩耍一会儿，由于模糊的时间观念，他们不会明白"今天的事情必须今天完成，明天还有明天的事情"的道理。

心理学家也指出，孩子不容易控制自己的注意力，吃饭时想看电视，就边吃饭边看电视；做作业时听到外面有动静，就会跑出去看看；本来想去刷牙，结果看见小猫过来了，就会逗逗小猫。这些情况很容易造成孩子做事拖拉，因此父母要注意随时提醒孩子，把孩子从无关的事情中拉回来。

不过，也有的孩子天生性格安静，做事缓慢，不管遇到什么事情都紧张不起来，做事情慢条斯理。眼看时间都过去半天了，孩子还是慢吞吞的，父母急死了，孩子却一点也不着急。

小贴士

那么，妈妈怎么做才能改掉孩子做事拖延的习惯呢？

1. 布置任务，规定时间

妈妈可以准备一些简单的任务，规定时间，看在单位时间内孩子可以完成多少任务，敦促孩子提高效率。例如，妈妈可以让孩子先试着一分钟写汉字和一分钟写数字，看孩子一分钟之内可写多少汉字、数字，让孩子体会到时间的宝贵。

2. 给孩子自由支配的时间

许多妈妈喜欢在孩子做完作业后，另外给孩子布置一些任务，将孩子的时间安排得相当充分。孩子这时就会看出其中的端倪，就是只要自己一有空，妈妈就会布置新的任务，所以孩子的对策就是拖延完成任务的时间。在做事的时候边做边玩，既达到玩的目的，又拖延了时间。妈妈这时就应该给孩子可以自由支配的时间，事先估计一下孩子完成任务需要多久，其余的时间可以让孩子自由安排。

3. 完成任务即有奖赏

妈妈可以在日常生活中给孩子安排一些任务,规定他在什么时间一定要完成,假如完成了给予什么奖励,相反则给予处罚。妈妈给出任务的时候,要记录自己给他交代任务的时间,假如孩子完成了,妈妈就要遵守自己的诺言,反之,妈妈一样要遵守自己的诺言,这样才能树立自己的威信。

4. 以身作则

妈妈首先要以身作则,自己做事的时候首先避免拖延的坏习惯。否则你在教育孩子时自己都不能理直气壮,孩子又怎么会听你的教诲呢?妈妈需要在平时生活中做事有计划、有效率,否则你留给孩子的印象就是拖拉的妈妈。

5. 给孩子制订规划表

妈妈可以给孩子制订规划表,如早上7:00~7:10起床,穿好衣服、刷牙,7:15~7:30吃早餐。规定好孩子一天应该做的事情,督促他完成,不完成就给予惩罚,这样孩子就会自动自发地去做了。

激发孩子的成就动机是克服拖延症的关键

孩子虽然可以靠父母的庇护而成长，但不管怎么样，人生归根结底还是要靠自己。一个人要想成就大事，从心底里感受到生命的充实，那就必须靠自己。所有的事实都证明："一切靠自己"是最明智的人生理念。

在孩子的成长之路上，成就动机是促使孩子成功的原动力。妈妈一定要注意培养、呵护孩子的成就动机。通常情况下，那些成就动机高的孩子，在生活中往往具有独立的见解，能够抵制不可靠的意见，做事情很容易成功。而且在做事情的过程中，孩子总是可以尽自己最大的努力，克服一切障碍，将自己的潜能发挥到极致。相反，那些成就动机低的孩子总感觉信心不足，认为自己不行，而在设置目标的时候，他们又设置一些不切实际的目标，结果因不付出努力，导致一次次失败。

当然，孩子的成就动机是可以在日常生活中培养出来的，最关键的一点就是你一定要让孩子学会相信自己。让孩子知道不论做什么事情，都必须依靠自己的力量，这样才能克服障碍把事情做好，也才能增强成就动机。

妈妈应该有意识地培养孩子的独立能力及自立意识。因为对于一个充满朝气的孩子来说，如果觉得自己有能力，一百个人说他是白痴也没用；假如孩子觉得自己很没用，那即便激励他一百遍也没用。妈妈需要告诉孩子：任何成功靠的都是自己的努力，这跟别人的照顾没有决定性关系，正所谓天道酬勤，只要相信自己，那生活就一定会越来越好。

> **小贴士**
>
> 那么，妈妈怎样才能提高孩子的成就动机呢？
>
> 1. 告诉孩子要永远相信自己
>
> 告诉孩子：在这个世界上，不要想着依赖任何人，要永远相信自己。这样在平时的生活中，假如孩子摔倒了，他们不会哭闹不止，而是会自己爬起来，因为他们知道，哭闹是没用的，谁也没时间管自己。
>
> 2. 不要抱怨孩子太较真
>
> 有时候当孩子真的想去靠自己的时候，妈妈却抱怨孩子太认真、太计较；当孩子真的努力去做某件事情的时候，妈妈又觉得孩子不用这样认真。假如妈妈从一开始就不主张孩子做到最好，那孩子可能一生也不会认为自己能做到最好；假如孩子从小就不能仔细分辨态度与行为的差异，那他也不可能严肃地对待以后的学习和生活。
>
> 妈妈需要正确对待孩子的成就动机，假如孩子天生爱较真，每件事都想做到最好，妈妈就应该想办法呵护孩子的成就动机；假如孩子不好强，凡事都顺其自然，妈妈需要花时间去培养孩子的成就动机。
>
> 3. 激发孩子的成就动机
>
> 妈妈要帮助孩子树立能够达到的目标，激发并帮助孩子培养适当的成就动机，让他们明确知识学习、品德修养等目标。如果孩子在一次活动中获得成功之后就止步不前，妈妈就要教育孩子不能满足于现有成就，在夸奖他们的同时，还要帮助他们树立更高的目标。
>
> 4. 相信孩子的能力
>
> 妈妈要相信孩子的能力，给予他们锻炼的机会，只要孩子自己能够做的，

就应该让他们去做。凡是孩子自己能想到的，他们就会有尝试的愿望，妈妈要不厌其烦地给孩子机会，允许孩子去做一些他们认为自己能够做好的事情。这样会增加孩子的自信心，有利于他们赢得成功。

告诉孩子勤勉的必要性

勤勉是一个人生存的最根本条件，一个人的成功与否跟他是否勤勉有重要关系。如果一个人是勤奋的，那么他就拥有了成功的机会；如果一个人是懒惰的，那么他就一定不会成功。虽然你的勤劳并不一定会给你带来成功，但是无论如何每个人都要辛勤工作，因为这是获得成功的最基本条件。

成功的秘密就是不管自己多么贫穷，不管自己在怎么样的低谷中挣扎，始终奋发向上，积极进取，并以鲜明的独立精神继续生活。生命的意义就是独立地生存，自己要想获得独立和自由，就必须学会勤勉。因此，在孩子很小的时候，妈妈就应该给他们讲述一些关于勤勉的故事。

在孩子小时候妈妈就要培养他们勤勉的习惯，这有利于孩子更早地意识到勤勉的作用。告诉孩子：如果你很懒惰，那么就什么也得不到；如果你是个勤奋的人，就能够得到奖赏。因为从小树立起来的勤奋观念，会让他们在成长的路途中更懂得认真地去做每一件事。

小贴士

那么，妈妈应该怎样培养孩子勤勉的习惯呢？

1. 让孩子在游戏中学习

对于年幼的孩子来说，他们的生活就是游戏，学习做家务其实也是一种游戏。例如，开饭的时候，妈妈可以说："妈妈要当厨师了，宝贝，你来当服务员好不好？现在就有请服务员帮忙把菜端出去。"当孩子发现做家务原来可以这样有趣的时候，他们就一定会喜欢上做家务。

2. 让孩子多练习"做事"

许多妈妈因为赶时间上班，没时间和孩子磨蹭，看孩子做事做得很慢，就干脆自己做。实际上，妈妈可以利用晚餐后的时间来慢慢教孩子，并尝试着让孩子自己做，时间一长孩子就会熟能生巧。

3. 抓住孩子的内在动机

从孩子的发展过程来看，孩子都是喜欢做事的，如开始学走路时不要妈妈抱；学吃饭时不喜欢妈妈喂，要自己吃；妈妈给孩子穿衣服，他会抢着自己穿。其实，这就是孩子做事情的意愿最强烈的时候，妈妈需要耐心地教给孩子方法，指导孩子做好想做的事情，让孩子享受"我会做"的喜悦和成就，不要顾虑安全或觉得麻烦而不肯让孩子尝试，结果让孩子失去学习的机会。

4. "舍得"让孩子做家务

妈妈不要总认为孩子小，很多事情舍不得让他做而都由自己代劳，时间长了孩子就没什么机会练习。慢慢地，许多事情就真的不会做了，所以说妈妈要舍得让孩子做家务。当然，由于孩子的年龄、动作技巧、体力、耐心不一样，妈妈让孩子做家务应依据孩子的能力，不宜过度，否则会让孩子因挫折而产生抗拒和畏惧感。

5. 妈妈要做示范性动作

在训练孩子时，妈妈需要先示范，再让孩子独立操作。例如，妈妈教孩子扫地、洗手帕、洗袜子、穿衣服、穿鞋子等，先让孩子看大人怎么做，妈妈一边示范一边细心地讲具体的注意事项，再手把手教，然后慢慢放手让孩子自己独立操作。

6. 少责备，多鼓励

妈妈在指导孩子的时候，口气要温和，不宜不耐烦，应有耐心、有步骤地教导孩子。父母应该珍惜孩子的每次尝试，以鼓励为主，孩子每做好一件事情，都应该及时奖励。例如，给孩子一个微笑，拥抱一下或说声"谢谢""做得不错"，这都可以让孩子感到骄傲和自豪，体验劳动的快乐，激发劳动的欲望。

7. 适当奖赏孩子的劳动

有些妈妈常常会通过家庭教育来让孩子学会勤勉。例如，她们常常会给孩子一份清单："小米拖地赚了10元，吃饭后为全家人洗碗赚了15元""小丽收拾自己的床铺赚了15元，在家照顾弟弟赚了10元，插花赚了10元"。而且她们会告诉孩子这些零花钱是通过孩子自己劳动所得，如果不干活，就不能得到零花钱。她们通常不会随便给孩子钱，目的就是鼓励孩子多干活，并通过让孩子干活培养他们的勤勉。等到这些孩子长大，大多能勤奋地工作，最后在事业上取得成功。

帮助孩子设定做事和学习的最后期限

"最后通牒效应"启示我们：设定最后期限，你的效率会更高。许多孩子有做事拖延的习惯，他们常常会因为贪玩而误了写作业，你问他们原因，他们还会搬出很多借口。其实，孩子有这样的习惯对他的未来是很不利的，习惯虽然不能决定一切，但一定程度上可以影响他做事的效率和风格，甚至有可能给他带来一生的阻碍。

孩子为什么做事拖延？为什么不能主动规划本来属于自己的事情？主要原因在于父母把所有事情都做好了，孩子一旦产生依赖性，就会养成做事拖延的习惯。而且根据孩子以往的经验，一旦自己做不好事情，身边总有父母急着指责，这时孩子就索性说："我就是不会做，所以你全部替我做了吧。"

有的孩子做事情拖拉或者磨蹭有自身的原因，也有外来因素的影响。例如，孩子贪玩、受到不应有的干扰、因问题难以解决而犯愁犹豫，这都可能造成孩子拖拉、磨蹭。生气不如行动，妈妈要花心思帮助孩子找出原因，对症下药，才能改变孩子拖延的习惯。

小贴士

那么，妈妈可以从哪些方面帮助孩子呢？

1. 别催促，多表扬

当孩子做事磨蹭的时候，许多妈妈喜欢喊、不断催促，结果越催孩子动作越慢。事实上，正确的做法应该是，如果孩子做事情速度快，妈妈就及时进行表扬。妈妈应该多表扬，别提孩子做得不足的地方，通过适当的表扬激发孩子的内在动力。

2. 培养生活习惯

父母应该给孩子规定时间，要求他在规定时间内完成自己要做的事情。例如，孩子和妈妈比赛穿袜子，看谁的速度快，在比赛之前妈妈教孩子怎么穿，循序渐进地训练。在比赛时，妈妈可以故意放慢速度，让孩子有赢的机会，在不经意间输给孩子，这样慢慢地让孩子养成做事迅速的习惯。

3. 让自然后果教育孩子

如果孩子做事经常磨蹭、拖延，什么事都需要父母催促，那妈妈可以试着不理会这样的情况。既然他喜欢睡懒觉，就让他睡好了。本来孩子小小的年纪自尊心就很强，如果他因为睡懒觉而迟到，被老师当堂批评，自然会感到羞愧。时间长了，他也就能改掉拖延的坏习惯。

参考文献

[1]王意中.戒掉孩子的拖延症[M].北京:中国友谊出版公司,2018.

[2]林洪波.如何打败孩子的拖延[M].北京:中国华侨出版社,2017.

[3]陈默.改掉孩子的拖延症[M].北京:中国纺织出版社有限公司,2020.

[4]鲁鹏程.孩子总是拖拖拉拉,妈妈怎么办[M].北京:北京理工大学出版社,2016.